KB272352

지금, 가장 젊은날의
유럽여행

지금, 가장 젊은날의
유럽여행

계획부터 현지 체험까지,
유럽 자유여행의 모든 것

| 초판 1쇄 발행 | 지은이 |
| 2026년 4월 28일 | 홍은주 |

펴낸이	펴낸곳	전화	주소
김태영	씽크스마트	02-323-5609	경기도 고양시 덕양구
		팩스	청초로 66
		02-337-5608	덕은리버워크 B-1403

출판사 등록번호	ISBN	정가	ⓒ 홍은주
제 395-313000025	978-89-6529-498-6	18,800원	
1002001000106호			

이 책을 만든 사람들	책임편집	북디자인	홈페이지
	김무영	우다설	www.tsbook.co.kr
			인스타그램
			@thinksmart.official
			이메일
			thinksmart@kakao.com

* **씽크스마트** 더 큰 생각으로 통하는 길

'더 큰 생각으로 통하는 길' 위에서 삶의 지혜를 모아 '인문교양, 자기계발, 자녀교육, 어린이 교양·학습, 정치사회, 취미생활' 등 다양한 분야의 도서를 출간합니다. 바람직한 교육관을 세우고 나다움의 힘을 기르며, 세상에서 소외된 부분을 바라봅니다. 첫 원고부터 책의 완성까지 늘 시대를 읽는 기획으로 책을 만들어, 넓고 깊은 생각으로 세상을 살아갈 수 있는 힘을 드리고자 합니다.

* **도서출판 큐** 더 쓸모 있는 책을 만나다

도서출판 큐는 울퉁불퉁한 현실에서 만나는 다양한 질문과 고민에 답하고자 만든 실용교양 임프린트입니다. 새로운 작가와 독자를 개척하며, 변화하는 세상 속에서 책의 쓸모를 키워갑니다. 흥겹게 춤추듯 시대의 변화에 맞는 '더 쓸모 있는 책'을 만들겠습니다.

자신만의 생각이나 이야기를 펼치고 싶은 당신. 책으로 사람들에게 전하고 싶은 아이디어나 원고를 메일(thinksmart@kakao.com)로 보내주세요. 씽크스마트는 당신의 소중한 원고를 기다리고 있습니다.

지금, 가장 젊은날의 유럽여행

홍은주 지음

나이 들수록 더 아름다워지는
나만의 유럽 여행!

이탈리아 북부 돌로미테를 여행할 때였다. 돌로미테는 2009년 유네스코 세계자연유산에 등재된 이탈리아 북동쪽에 위치한 북부 알프스로, 한국에는 이제 알려지기 시작하였지만, 스위스 알프스와는 다른 순수하면서도 광대한 아름다움이 있다. 이탈리아 알프스가 차지하는 비율은 28.7프로로 오스트리아 다음으로 넓고, 광대하며, 하이킹 코스가 잘 만들어져 있다. 돌로미테 서쪽 오르티세이(Ortisei) 지역을 하이킹을 하던 중 한국 어르신 다섯 분과 같이 케이블카를 탔다. 우리가 등산 스틱을 갖고 있는 것을 보고 하이킹을 하냐고 물으시며 부러워하셨다. 나는 남편과 일주일 동안 돌로미테 산을 서쪽 오르티세이 지역에서 동쪽 코르티나 담배초지역으로 이동하며 하이킹을 했다. 그분들은 평균연령이 70세. 65세 이신 한 어머니가 100일 동안 하루에

10시간씩 공부해서 여행 계획을 세웠고 두 남자분이 번갈아 운전을 담당하고, 다른 두 어머니가 음식을 담당하며 100일째 여행 중이라고 했다. 유럽의 여러 곳을 다녀야하니 자유여행이라고 해도 하이킹을 할 시간이 없어 아쉬워하며 다음에 꼭 한 달 정도 이태리 북부에 거주하며 돌로미테를 걷고 싶다고 덧붙였다. 그 분들은 패키지 여행이 아니라 자유여행을 한다는 것을 강조하시며 자랑스러워 하셨다. 그 분들의 생각에 절대적으로 동의하며, 노력과 용기에 박수를 보냈다.

꼭 한 번 해볼만한 일

자유여행을 다니는 사람들은 대부분 본인의 여행 이야기를 할 때 어깨가 으쓱하다. 왜 그럴까? 패키지 여행 보다는 시간과 수고가 많이 들기 때문에 그것에 대한 보상 심리일까? 여행(Travel)은 Travail(고행, 노고)의 파생어로 '일을 하다'라는 뜻을 내포하고 있다. Trouble(고생), Toil(고통, 힘든 일)과 같은 어원에서 파생되었다고 보기도 한다. 여행은 이렇게 고생하면서 느끼고 배우는 과정이다. 편한 여행을 원한다면 집에서 영상매체로 보는 것이 합리적이고 경제적이다. 그럼에도 불구하고 많은 사람들이 여행을 떠나는 이유는 직접 보고 참여하는 여행이 편하게 움직이지 않고 보는 것과는 비교할 수 없고, 실제 여행을 통해서만 배울 수 있고 느낄 수 있는 말로 표현되지 않는 많은 것들이 있기 때문이다. 이왕 가는 여행이라면 꼭 한번은 나만의 여행을 떠나 보자. 패키지 여행에서 만날 수 없는 나를 만나는 시간이 될 수 있고 보지 못한 것들을 볼 수 있는 계기가 된다. 꼭 한번은 나만의 유럽 자유여행!

짧은 시간 긴 감동

나는 유럽 여행 중 여행객들의 나이차이에 많이 놀랐다. 외국의 자유 여행자들은 대부분 나이가 나와 비슷한 반면, 아시아 중에서도 한국은 대부분 20. 30대의 젊은 층에 국한되어 있다. 그래서 대부분의 여행자료들은 젊은 사람들이 썼거나, 젊은 사람들 위주의 정보가 많아 정보를 참조할 때 그 점을 반드시 고려해야 한다.

유럽 자유여행은 다른 여행지 보다 거리가 먼 것을 제외하면 여행하기 어렵지 않다. 오래된 역사와 자연환경으로 관광이 주된 수입인 나라가 많고 여행자의 숫자도 많기 때문에 여행정보를 쉽게 얻을 수 있다. 다만 초보 여행자에게는 어떤 정보를 찾아야 하는지, 무엇을 알아봐야 할지가 막연하고 어렵게 느껴진다. 이 책에서 나의 경험을 바탕으로 자기만의 여행을 순서대로 스마트하게 준비할 수 있는 방법에 초점을 맞추었다. 일반적으로 찾을 수 있는 여행정보는 생략하고, 개별 여행자의 입장에서 장소의 특성과 선택해야 하는 것들을 비교해, 나에게 맞고 여행에 필요한 정보를 얻을 수 있는 방법에 주안점을 두었다.

경험했던 다양한 여행의 루트와 실수의 실제 사례를 통해 여행계획 시 실질적인 도움이 될 수 있는 방법과 발생할 수 있는 어려움을 미리 예측할 수 있도록 했다.

나를 위한 용기

여행을 준비하는 과정 또한 여행이며 여행은 아는 만큼 보인다. 내가 계획한 여행은 시작부터 다녀온 후 나를 성장하게 한다. 휴양지로 떠나는 여행이 아니라면, 조금 귀찮더라도 편안함을 한번쯤은 뒤로하고 준비해 보자. 자유 여행은 정답이 없지만 제대로 떠난 자유여행은 옳다. 여행시 시행착오가 많았다면 더 성공적인 여행이다. 분명히 나에게 추억을 만들어 줄테니까. 예상치 못한 장소에서 뜻밖의 나를 발견할 수도, 가슴 뛰는 감동을 받을 수도 있다. 절대 어렵지 않다. 스마트 폰으로 카톡을 할 수 있는 사람이라면, 그리고 나를 위해 시간과 용기만 준비되어 있다면, 이 책을 통해 응원하고 싶다.

부디 나의 가족이 선사해준 소중한 2년의 여행을 세상에 나누는 시간이 되기를 바란다.

목차

제 1부

그냥 떠나도
괜찮아

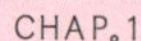

　여행은 인생과 많이 닮아 있다. 여행의 장소는 처음 살아 보는 인생만큼 낯설다. 평소 살아 갈 때 힘 빼기가 중요하듯이 여행에도 힘 빼기는 중요하다. 아무리 완벽하게 계획한다고 해도 시행 착오나 예기치 못한 일들이 발생한다. 힘을 빼고 그런 변수들을 잘 대처하면 그 경험이 좋은 추억으로 인생을 사는 밑거름이 된다. 패키지 여행은 이런 여백의 미가 없다. 항상 도와줄 가이드가 대기하고 있고 짜여 있는 극본에 나는 잠시 끼어 들어 간다. 자유롭게 낯선 곳을 걸어 보는 기분, 나나 동반자가 함께 계획한 여행은 완벽하지 않아도 많이 보지 않아도 조금 고생을 하더라도 돌아 온 후에 더 많이 배우고 느낀다. 우리는 낯설다는 것을 어렵다고 느낀다. 왜냐하면 가보지 않은 길은 보이지 않는 길을 걸어가는 것과 같은 두려움이 들기 때문이다. 혹시 같이 여행해 줄 친구가 있다면 든든한 마음으로 부담을 나눠지며 여행을 떠나보길 권하고 싶다.

독일의 철학자 니체는 젊은 나이에 바젤 대학 교수직을 포기하고 몸의 치유를 위해 방랑시인이라는 별명을 얻을 정도로 많은 여행을 다녔다. 병은 고치지 못했지만 위대한 철학과 많은 저서들을 남겼다.

40~50대 성인에게 여행을 가고 싶은데 가지 못하는 이유를 조사해 보았다. 첫 번째는 시간이 없거나 두 번째는 비용이 많이 든다고 했다. 여행을 가고 싶다면 우선 시간을 정하자. 지금 떠날 준비를 하지 않으면 시간은 화살처럼 날아가서 기회는 점점 멀어진다. 오늘이 여행하기에 제일 좋은 젊은 날이다. 나이 오십이 다 되어 뮌헨에 갔을 때 나이가 많다고 생각했는데 돌이켜 보면 젊었던 시절이었다. 미래의 나는 지금의 나를 젊다고 한다.

여행, 특히 자유여행은 극본 없는 드라마 한편을 만든다. 여행을 통해 생각지도 못한 나의 잠재력을 발견할 수도, 새로운 것을 깨달을 수도 있지만, 그렇지 않다고 하더라도 돈만 낭비하는 여행은 없다. 고생을 많이 했다면 그것은 더 성공적인 여행이다. 남자들이 모이기만 하면 군대에서 고생한 이야기를, 여자들은 자녀 출산의 경험을 이야기하듯이 고생했던 에피소드는 우리에게 두고 두고 추억 거리를 남긴다.

✈ 나를 재발견하는 시간

　괴테는 돌연히 떠난 그의 여행에서 "여행을 하는 목적은 내가 보는 대상들에 비추어 나를 재발견하자는 것"이라고 하였다. 잠시 하던 일을 멈추고 떠난다고 해도 세상은 잘 돌아간다. 잠시 쉬며 다른 세상을 보면 생각하지 못한 더 큰 도약이 가능하고 여행은 새로운 것을 만나고 생각하게 되니 미래의 투자라고 확신한다. 자유여행이 패키지 여행보다 경제적이지는 않지만 예산은 조정할 수 있다. 여행의 결과물은 당장 눈에 보이지 않기 때문에 우선 순위에서 밀려 있지만 그 가치는 물건에 비유할 수 없다. 여행은 유명한 장소를 보는 것보다 새로운 것, 익숙하지 않은 것들을 보고, 해보지 않았던 일(음식을 먹는 일도 포함), 생각하지 못한 상황에 노출해 나의 시야를 넓게해 준다.

　자녀가 대학교에 가면, 내가 이번 프로젝트를 끝내면, 몸이 좀 더 건강해지면, 여행을 가겠다고 한다. 그러나 그런 날에는, 안타깝게도 또 다른 이유가 또 생긴다. 막 여행을 가려고 했는데 코로나가 발생했다고 하는 사람도 있다. 지금 여행을 떠날 수 없다면 여행 계획을 세워 보자. 어디를 가고 싶은 지, 왜 가고 싶은지 그 이유를 생각해 보자. 여행은 잠깐 멈추는 일이다. 시간이 남아서 가는 것이 아니라, 내가 하는 바쁜 일상 가운데 더 많은 채움을 위해, 나의 생각을 비우고, 멈추어 서서 새로운 나를 만나는 시간이다. 여행은 미래에 대한 보이지 않는 투자이다. 힘을 모아 충전해 힘껏 도움닫기를 하듯이 잠시 떠나는 여행이 더 넓게 보고 더 멀리 갈 수 있는 계기가 된다. 패키지 여행을 가면 이런 시간을 가질 수 없다. 더 많은 것을 보아야 하고 아침부터 일어나 따라다니기 바쁘다. 시차 적응이 안된 채 주로 버스로 이동을 하기 때문에 이동 중에 계속 자게 되고 숙소에 들어오면 내가 있는 곳의 주변도 파악이 안 된 채 누웠다 일어난다. 특히 유럽여행은 조금 덜 보더라도 생각할 시간을 가질 수 있는 자유여행을 권한다. 오늘이 내가 살아갈 날 중에 가장젊고 튼튼한 날이다. 잘 걸을 수 있는튼튼한 다리만 준비하자.

 오늘, 가장 젊은 날에 떠나자

　자유여행을 꺼리는 세번째 이유는 잘 몰라서 불안하거나 귀찮다는 대답이다. 외국어를 잘 못하고 길을 잃을까봐 겁이 난다고 한다. 이런 사람은 한번 나가보면 해 볼만 하고 다른 일을 할 때 자신감이 생긴다. 유럽에는 좀도둑은 좀 있지만 총기도 소유하지 않는다. 사람이 많은 곳은 어디나 소매치기나 사기꾼이 있다. 모든 사람들이 꼭 한번은 여행하고 싶은 도시 파리, 밀라노, 로마, 마드리드 같은 곳이 가장 도난사고가 많다. 이런 대 도시를 여행할 때에는 소매치기를 조심하고 호객행위를 주의하면 내가 사는 곳 보다 더 안전하게 여행할 수 있다. 유럽은 유명 관광지가 아니더라도 발길 닿는 곳마다 역사가 있고 볼거리로 가득 차 있다. 유명한 장소 앞에서 사진을 찍는 것도 의미가 있겠지만, 조금 덜 보

밀라노

더라도 가슴으로 느끼는 여행을 떠나보자.

자유여행은 귀찮고, 힘들고, 돈도 많이 든다는 선입견에서 벗어나 오늘이 내가 살아갈 날 중에 가장 젊은 날임을 기억하자. 농담으로 다리 떨릴 때 가지 말고 가슴이 떨릴 때 떠나자고 한다. 조금이라도 더 늦기 전에 욕심내지 않고, 다른 사람이 간 여행을 따라 하지 말고, 내가 할 수 있는 만큼만 하면 충분하다. 유럽에는 많은 현지 지식가이드 여행이 있어 이런 지역가이드를 활용하면 자유여행의 어려운 점도 도움받을 수 있을 뿐 아니라 그 지역의 해박한 정보까지 얻을 수 있다.

초기에 남편과 여행하다 이혼할 뻔했다. 남편과 나는 성향이 정 반대다. 남편은 낯선 곳에 가는 것도 별로 좋아하지 않지만 차를 빌리고 모르는 길을 운전 하는 것은 더 싫어 한다. 처음에는 분업이 잘 되지 않아 많이 싸웠다. 그러나 여행의 횟수가 거듭하면서 하기 싫은 것도 하게 되고 문제를 해결하느라 함께 협력할 수 밖에 없었다. 대한민국의 남자들이 대체적으로 제일 싫어 하는 일은 길을 물어보는 일이다. 여행을 싫어하는 남편이 있다면 부담을 덜어줘 보자. 책임감이 좀 약해지면 여행에 대해 마음도 열린다. 여자들은 대체적으로 여행을 좋아한다. 실수해도 괜찮지만 남편들은 책임감 때문인지 실수하는 일도 싫어하고 기다리는 일도 싫어한다. 여행은 모두 다 괜찮다. 책과 유투브에서 배우는 것 보다 지식적인 배움의 양은 적더라도 내가 직접 도전해

바라 본 세상은 미래를 살아가는 나에게 오래 남아 어떠한 형태로든 도움을 준다.

영화 '파리에서 생긴 일'에서 주인공 앤(다이안레인)은 컨디션 난조로 남편과의 부다페스트 여행을 취소하고 곧장 칸에서 파리로 출발한다. 남편의 사업파트너이자 친구인 자크가 7시간 걸릴 거리를 이틀에 걸쳐 느긋하게 먹고, 구경하면서 예정에 없던 로드트립을 하게 된다. 처음엔 불안하고 마음에 내키지 않았던 앤은 그 여행을 통해 점점 자신을 되돌아 보게 된다.

영화의 원제 <Paris can wait>는 '파리는 어디 안가. 파리는 기다려 줄 거야' 라는 뜻으로 여겨져, 여행할 시간도 없이 달려가는 우리에게 잠시 쉬어 가도 된다는 위안을 준다.

'외국어를 못하고, 외국을 잘 몰라 불안하다고 하는 이유는 안 해본 일에 대한 두려움이지 어려운 일이 아니다. 우리에게는 바디랭귀지와 번역기가 있어서 핸드폰만 쓸 줄 알면 된다. 카톡을 주고받을 수 있을 정도의 스마트 폰 사용 실력이면 외국 여행을 떠날 수 있다.

용기내기 힘들면 친구, 지인과 함께 떠나는 여행을 계획해 보자. 다녀오면 분명히 자신감이 생기고, 다른 일도 해 낼 용기가 생긴다. 서로의 부족함을 보완해줄 수 있는 여행 동반자가 있다면 풍성한 이야기거리로 나의 남은 인생을 더 즐겁게 보낼 수 있는 계기가 될 것이다.

유럽은 멀다. 보고 싶은 것도 많지만 언어도 낯설어 여행 초보자들은 감히 혼자 계획하는 여행은 가기 힘들다고 느낀다. 그러나 알고 보면 유럽만큼 자유여행하기에 좋은 곳은 없다. 나도 처음 단체여행으로 유럽에 갔었다. 그런데 너무 아쉬웠다. 나의 의사와 관계없이 가야 했고, 내가 거닐고 싶은 곳은 차창 밖으로 그냥 지나쳐야 했다. 대부분의 단체 관광은 새벽부터 밤까지 버스를 탄다. 시차도 있다 보니 눈이 저절로 감긴다. 볼거리가 셀수도 없이 많은 유럽에서 많은 것을 보기보다는 적게 보더라도 내가 보고 싶은 것을 보고 특별한 목적없이 거리를 거니는 순간은 말로 표현할 수 없는 소중한 여행의 일부이며 과거와 현재를 경험하는 시간이다. 정해진 틀 안의 장소만 보기엔 너무 아까운 유럽이다.

✈ 멀지만 가까운 유럽.

유럽은 지리적으로는 멀지만 늘 우리와 가까이 있다. 우리가 접하는 예술, 문학, 과학, 철학과 같이 다양한 분야가 유럽에서 전해졌기 때문이다. 음악을 좋아하지 않더라도 아는 음악가를 말해 보라고 하면 모짜르트, 베토벤, 바흐, 헨델 등 우리가 아는 대부분의 음악가들이 독일 오스트리아 그 인근 지역에서 출생했고 작품 활동을 했다. 그림이나 미술에 소질이 없다고 하더라도 화가 하면 고흐, 피카소, 거슬러 올라가면 모나리자를 그린 레오나르도 다빈치, 천지창조의 미쾔란젤로와 같은 작가들을 떠 오른다. 소크라테스, 플라톤과 같은 철학자는 물론, 우리가 좋아하는 명품의 고향이기도 하다.

독일에 살면서 유명한 그림에 나오는 자연을 보다 보니 못 그리는 그림도 좋아하게 되고, 우리나라에서 보기 힘든 오페라 공연도 어렵지 않게 보니 마치 내가 옛날 유럽의 귀족이 된 듯했다. 다니다 보면 우리가 좋아하는 인상파 화가들의 그림이 내 눈앞에 현실로 다가온다. 클래식 공연을 합

피렌체 사진/유럽

리적인 가격에 쉽게 접할 수 있고 특별전이 있어야 볼 수 있는 작가의 미술작품이 미술관 곳곳에 소장되어 있다. 내가 살던 뮌헨의 중심인 마리안 플라츠 근처를 걸어 다니다 보면 길거리 클래식 버스킹하는 모습을 자주 본다. 굳이 공연장에 가지 않더라도 감상할 수 있는 공연문화가 대중에게 가까이 있다. 뮌헨은 정부에서 운영하는 미술관을 일요일에 1유로에 감상할 수 있다. 주말이면 가족과 함께 고흐의 해바라기를 감상할 수 있다. 디에고 벨라스케스 '시녀들'로 유명한 스페인의 프라도 미술관도 오후 무료 관람이 가능한 시간이 있다. 일반 대중이 예술작품을 가까이하기 쉽고, 인터넷에서 절약할 수 있는 팁도 어렵지 않게 알 수 있다.

 아름다움과 역사가 가득한 유럽

유네스코 세계 유산의 50프로 이상이 유럽에 있다. 아름다운 자연유산이 많고, 역사적으로 중요한 문화유산들도 곳곳에 그리고 가까이 있다.

유럽은 고대 그리스 로마 시대부터 중세와 르네상스를 거쳐 산업혁명을 지나 근대에 이르기 까지 역사의 중심에 있다. 걷다 보면 도시 전체가 박물관이고 곳곳이 세계유산으로 가득 차 있다. 좋아 하는 분야를 중심으로 여행 전에 공부하고 간다면, 다니는 동안 흥미롭고, 여행을 다녀와서도 다양한 세상을 폭 넓게 이해하는 계기가 된다.

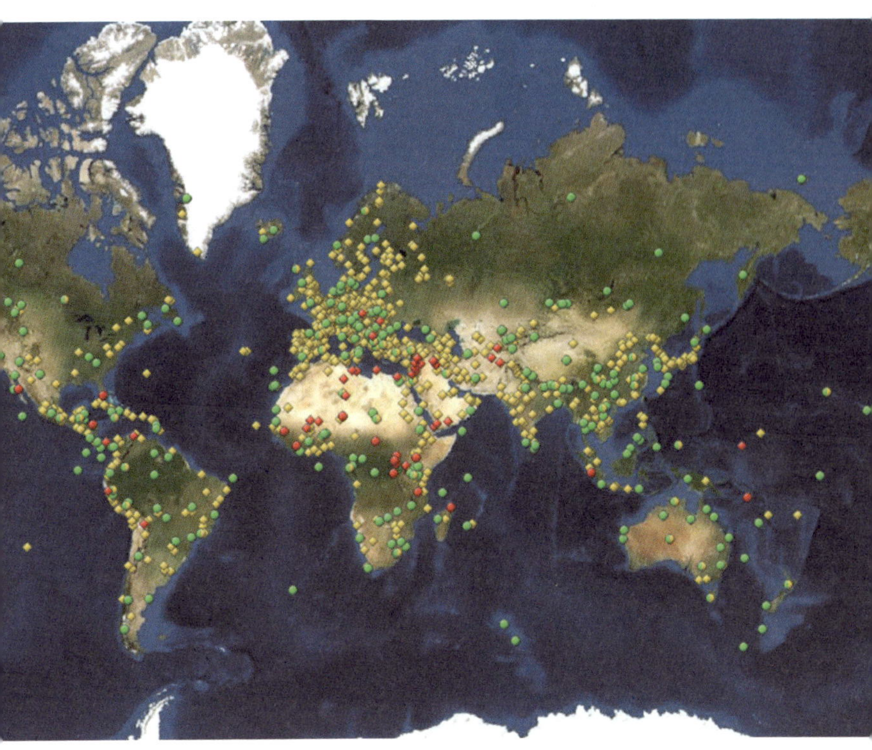

독일 남부에는 로맨틱가도가 있다. 길이 로맨틱해서 로맨틱가도가 아니라 로마시대의 길이라는 뜻인데 어떤 가이드 북에는 의미가 잘 못 써있기도 하다. 이 길들을 따라가면 중세 로마시대의 건축물과 유적들을 볼 수 있다. 독일 뿐 아니라 프랑스, 스페인 등 곳곳에 로마시대의 유적이 있으니 로마시대를 공부하고 간다면 아치형의 건축 양식, 콜로세움, 수도교 등이 아름답고 거대하게만 보여지는데 그치지 않고 그 옛날 컴퓨터도 없던 시절 과학적으로 건축했던 고대 사람들의 지혜를 엿볼 수 있고, 로마를 가지 않더라도 로마시대를 볼 수 있다. 100년 전의 건축물도 거의 남아 있지 않거나 새로운 빌딩으로 바뀌어 있는 우리와는 달리 몇 백년, 몇 천년 전의 유적이 곳곳에 있다. 뿐만 아니라 로맨틱 가도에 있는 도시들은 자연이 아름답다. 남부 퓌센을 시작으로 중세시대의 모습을 고스란히 간직하고 있는 아름다운 다양한 성들과 동화속에 나올 것 같은 아기자기한 마을로 연결된 도시마다 각자 고유한 매력이 있다. 모든 도시를 다 돌아보기에는 시간이 많이 걸리니 미리 풍경을 조사해 보고 방문하는 도시를 결정해 보자.

유럽의 경치는 우리에게 명화로 친근해 동경의 대상이 되기도 한다. 알프스를 중심으로 나뉘어져 있는 나라들은 대부분 산과 호수로 유명하다. 삼성티비의 광고화면에 나오는 할스타트를 비롯해 옛 마을이 형성되어 있어 산과 마을 호수가 자기들 만의 매력을 보여준다. 많은 사람들이 방문하는데도 여전히 깨끗하고 가꾸지 않은 듯 가꾸는 자연스러운 아름다움은 신비롭다. 몇 백년의 전통을 자랑하는 와이너리 (샤또)는 프랑스뿐만 아니라 이태리, 독일 스페인 모두 각자의 특색 있는 와인을 자랑한다. 가파른 비탈길과 언덕은 햇볕이 잘 들고, 석회가 많은 땅은 물 빠짐이 좋아 포도가 자라기 좋은 자연환경이 되고 라인강과 마인강이 나라를 바꿔 가며 흐른다. 포도가 열리는 시기에는 포도밭 하이킹도 좋은 여행코스다. 아시아에서는 보기 힘든, 신의 선

Würzburg
Wertheim Village
Tauberbischofsheim
Lauda-Königshofen
Röttingen
Bad Mergentheim
Weikersheim
Creglingen
Rothenburg o. d. T.
Schillingsfürst
Feuchtwangen
Dinkelsbühl
Wallerstein
Schloss Baldern
Nördlingen
Harburg
Donauwörth
Rain
Augsburg
Friedberg
Landsberg am Lech
Hohenfurch
Schongau
Peiting
Rottenbuch
Wildsteig
Steingaden
Wieskirche
Halblech
Schwangau
Füssen
Schloss Neuschwanstein

로맨틱가도 지도

밤베르크(로멘틱가도 도시)

물이라 불리는 올리브 나무가 즐비한 이태리, 스페인, 그리스를 비롯 웬만한 화가들이 모두 거쳐갔고 라벤더 밭과 화장품 록시탕으로 유명한 프랑스 남부 도시 엑상프로방스, 야경과 웅장함으로 유명한 동유럽도 가 볼만 하다.

 걸어서 즐길 수 있는 구시가지(Alt Stadt)

　유럽의 대부분의 도시는 구시가지에 볼거리, 즐길 거리가 모여 있고, 걸어서 이동이 가능하다. 체코 프라하 예를 들어보자. 프라하 광장은 일년 내내 수많은 사람들이 찾는 장소 중에 하나다. 특히 건축을 전공하거나 건축물에 관심이 있는 사람은 체코의 프라하 구시가 광장을 꼭 간다고 한다. 광장 앞에 건물들은 11세기부터 18세기에 지어진 건물들로, 고딕에서 시작해, 바로크, 로코코 르네상스 시대의 건물을 한번에 볼 수 있는 건축박물관이기 때문이다. UNESCO에서도 광장 근처의 건축 양식들이 중부 유럽을 포함한 모든 유럽 건축에 영향을 주었다며 문화유산 등재 이유를 밝히기도 했다. 광장의 북서쪽에는 보헤미안 글래스가 아름답게 빛나는 성 미쿨라세 교회가 있다. 내가 방문한 날에도 모짜르트가 연주한 오르간이 있는 성 미쿨라스 교회에 공연이 있었다. 우리 일행은 저녁 공연을 그 자리에서 예약했다. 공연료도 30 유로 밖에 하지 않는다. 매 공연마다 공연료가 같지는 않지만 부담가지 않는 선이다. 교회 안을 구경하고,

공연도 볼 수 있는 좋은 기회이다. 무하 박물관, 카를교, 프라하 성까지 웬만한 볼 거리는 모두 걸어서 이동이 가능하다. 유럽의 거의 모든 대 도시들이 워킹투어가 가능하다. 파리, 로마, 뮌헨, 바르셀로나, 부다페스트, 이스탄불 외에도 대부분 옛 도시는 오밀조밀 모여 있어 문화, 예술, 역사를 한 번에 느낄 수 있다. 중국과 미국같이 큰나라 여행을 하면 한 곳을 보고 그 다음 장소로 이동할 때 몇시간을 가야 하는데, 유럽에서는 꼭 보아야 하는 장소나 박물관들이 모두 모여 있으니 시간이 절약되고 걷는데 무리만 없다면 하루에 많은 것을 보고 누릴 수 있다.

둘째 편리한 교통과 안전이다. G map에서 지도뿐 만 아니라 대중 교통까지 확인이 가능하다.

우리나라는 네이버나 티맵 등 한국 맵을 통해서만 지도나 대중교통을 볼 수 있다. 중국도 자국의 지도 어플리케이션만 가능하다. 하지만 유럽은 국경에 상관없이 G map으로 지도와 대중교통을 검색할 수 있어서 대중교통을 이용하기 편하다. 그래서 혼자 여행하는 사람도 길을 헤맬 일이 적다. 우버와 같은 택시 어플이 나오기전, 2천년대 초반만해도 그리스와 터키 같은 많은 유럽 여행지에서 택시 바가지가 심했다. 실제로 2배 넘는 요금을 낸 적도 여러 번 있고 지폐를 바꿔치기 하는 경우도 있었지만 최근에는 택시 어플 이용으로 안전하게 바가지 없이 교통편을 이용할 수 있다. 여행지에서는 어느 도시나 호객행위를 하는 택시를 타지 않는다. 물론 구체적인 대중 교통 상황은 나라마다 차이가 있으니 여행 전 그 나라의 교통 상황을 다시 한 번 체크한다. 크로아티아와 같이 독립된 지 오래 되지 않은 나라는 전체 물가가 싼 대신 대중교통이 잘 발전 되어있지 않지만, 렌터카를 이용해 여행하기 쉽다. 기차, 다양한 저가 항공의 이용으로 나라 별 이동도 쉽다. 다양한 자연의 아름다움으로 걸어서 여행하기도 좋고, 대중교통도 잘 발달되어 있는 유럽을 여행하려면 어떤 준비와 계획을 해야 할 지는 다음 편에서 살펴보자.

 다양하고 쉽게 얻을 수 있는 풍부한 여행 정보

루트짜기, 여행지 교통정보, 숙소 선택은 여행을 계획하는데 가장 기본적인 결정요소이다. 유럽은 여행을 다녀온 사람이 많기 때문에 정보가 많다. 시중에 책도 많고, 블로그와 같은 SNS 상에 정보도 얻기 쉽다. 정보가 많다는 점은 자유 여행을 준비하기에 장점인 반면 취합해야 하는 요령이 필요하다. 대중교통과 같이 변동이 가능한 정보는 가능하면 최신 일년 이내의 정보를 참고한다. 여행에 관한 정보는 주관적인 부분이 많으니 객관적으로 보아야 한다. 블로그나 까페 글은 쓴 사람의 개인 의견에 치우쳐 있을 수 있으니 연령, 성별, 취향을 고려해 몇 군데 비교해 보아야 한다. 루트를 정할 경우 유명하다는 이유 보다는 내가 그 장소를 좋아할 만 한지 생각해 본다.

뮌헨에 있을 때 다양한 사람들과 여행을 다녔다. 그림이나 책에서만 보던 자연과 건축물이 있는 유럽이라고 해서 가서 보기만 하면 누구에게나 감동으로 다가오지 않는다. 똑 같은 자연이지만 여행자의 태도에 따라 여행의 수준과 결과가 다르다는 점을 알게 되었다. 예를 들면 아침에 일어나 어느 장소를 찾아가는 과정 속에서도 보고 배운다. 특히 유럽여행은 학교에서 배우고 보고 들었던 장소를 직접 만나는 과정이라 머리 속에 있던 과거나 장면이 현실이 되는 소중한 순간이다. 같은 곳을 보아도 영화나 책 속에서 상상하던 모습을 실제로 보게 되었을 때 무덤덤하게 확인만 하는 것이 아니라, 내가 주인공이 된 것처럼 그 시대로 돌아갔다고 생각하며 여행을 즐길 줄 아는 친구는 같이 여행하는 사람도 행복하게 한다. 무조건 좋게 보라는 뜻이 아니라, 긍정적으로 오픈된 마음을 가지고 여행하는 일은 나의 여행뿐 아니라 같이 여행하는 사람에게도 긍적적인 에너지를 준다. 나만의 멋진 유럽여행을 만들기 위해서 꼭 가져야 하는 마음의 준비가 있다. 아무리 철저한 계획과 멋진 장소도 기분이 좋지 않으면 보이지 않는다. 꼭 필요한 마음의 준비 요소는 무엇일까?

 성공적인 나만의 여행을 만드는 준비사항

1) 긍정적인 마음과 태도

여행은 떠나고, 보고, 느끼는 세가지의 과정이다. 여행을 떠나는 과정 외에 보고 느끼는 과정은 어떠한 마음을 갖느냐에 따라 결과의 차이가 크다. 같은 장소를 가도 보는 것이 다르고 같은 것을 본다고 해도 결과는 완전히 반대의 경우가 많다.

연암 박지원의 열하일기를 보면 여행에 임하는 자세에 대해 배울 점이 많다. 그는 긍정적이며 보는 것 하나 하나에

흥미를 가졌고 사소한 것도 자세히 기록했다. 학식이 높은 사람은 오히려 볼 것이 없다고 했다. 그 이유는 여행자에게 고정관념이 있어 사물을 다양하게 보는 시각을 방해하기 때문이라고 했다. 옛날에도 이런 마음을 갖고 여행한 사람은 같은 곳을 보아도 배우고 느끼는 점이 다르며 후대에 남겨진 열하일기를 남겼다.

연암은 또 즐겁고 유쾌한 사람이다. 그와 여행하는 사람들은 그의 재치 있는 말에 즐거웠을 것이다. 자유여행을 하다 보면 생각하지 못한 일이 종종 발생한다. 내가 겪은 수많은 사건들은 다 열거 할 수도 없다.안개가 끼어서 공항 바닥에서 잤던 적도 있고, 저가 항공의 늦은 취소 통보 때문에 3시간 거리를 2번 트랜스퍼해 간 경우도 있다. 기차표를 프린트 하지 않아 표를 두 번 살 뻔한 경우도 있다. 그렇지만 모두 건강하게 사고 없이 잘 다녀왔다. 안전하게만 다녀왔다면 모두 재미있는 이야기 거리로 남는다.

아직도 독일에는 1960년대쯤에나 만들어졌을 장난감 기차와 똑 같이 생긴 오래된 전철과 트램이 다닌다. 여행 온 친구는 지하철이 너무 오래되 후졌다며 불평을 했다. 그러나 지하철을 타면서도 비교해 보고 그 나라 사람들의 태도를 파악해 보는 일은 흥미롭다. 독일의 지하철을 타면서 느낀 점은 첫째, 환승할 때 이동이 짧다. 이동을 최소로 하니 사람들끼리 마주치는 동선이 짧다. 위아래 내려가지 않고 바로 반대편에서 타는 곳이 많고, 심지어 환승을 할 때 도착 시간까지 맞춘다. 이동을 한다 해도 바로 에스컬레이터만 타면 되는 곳이 대부분이다. 둘째, 우리나라 시청처럼 사람이 많은 역은 타는 문과 내리는 문이 다르다. 타고 내리는 사람이 얽히지 않으니 내린다고 밀칠 이유가 없고 동선이 겹치지 않는다. 셋째, 역에 검표원이나 개찰구가 없다. 표를 찾기 위해 가방을 뒤지지 않아도 된다. 물론 불시에 검사를 해서 걸리면 벌금 60유로를 낸다. 2년동안 서너 번 정도 검사했던 거 같다. 나라마다 상황이 다르니 무조건 어느 나라가 옳고 배워야 하는 것은 아니지만 그만큼 신용사회라는 점은 부러웠다. 현지인들의 생활을 보는 것이야 말로 진정한 자유여행의 맛이다.

철 트램 사진

아름다운 산과 빙하의 침식으로 만들어진 피요르드로 이

루어진 노르웨이는 주로 배를 타고 가거나 산악열차를 타고 이동한다. 노르웨이의 교통수단을 단순한 이동수단으로만 생각해 배를 타고 자거나 핸드폰을 보면서 간다면 아름다운 피요르드를 감상할 수 없다. 북유럽에서 배를 타고 피요르드를 건너지 않는 다면 산을 돌아 가야 하므로 다른 지역으로 이동이 험난하고 오래 걸린다. 배를 타고 산과 산 사이를 건너다보면 깎아 지른 절벽에서 먹이를 뜯는 염소를 만나고 설산에서 떨어지는 폭포도 보게 된다. 누군가는 이런 경치를 보고 겨울왕국의 배경으로 사용했다.

노르웨이 염소

2) 양보와 이해 (동반자가 있을경우)

여행을 시작할 때 함께 외치는 구호가 있다. "웬만하면 웃자!" 혼자 여행한다면 상관없지만 동반자가 있는 경우 상대에 따라 여행이 즐거울 수도 여행이 싫어 질 수도 있다. 평소에 친한 친구라고 하더라도 성격을 모두 알 수 없다. 여행을 떠나 몇일 동안 먹고 자면 본성이 나온다. 이때 제일 중요한 덕목이 양보와 이해심이다. 상대방에게만 요구되는 성격이 아니라 나에게도 적용된다. 좋은 친구인지 아닌지 파악하려면 함께 여행을 떠나보자.

자유 여행을 하다 보면 식당을 찾고, 음식을 주문하는 과정에 꽤 많은 시간을 소비한다. 식사하는 일은 자유여행에서 가장 귀찮기도 하고 힘들기도 하며 다른 사람과 맞춰야 한다. 단체 여행은 식사 때가 되면 바로 식당으로 데려 간다. 유럽 여행도 마찬가지로 식당에 도착하면 반찬이 한상 가득 미리 차려져 있고, 바로 식사한다. 조금만 기다리게 되면 가이드가 미안하다고 한다. 아마도 급한 한국사람들의 성향 때문일까? 특히 중년 이후의 아저씨들은 더욱 참기 힘들다. 유럽에 사는 교민들에게 한국에서 지인들이 놀러 와 가이드 할 경우 가장 힘든 부분이 무엇이냐고 물어보면 식사 때 어떤 식당을 갈 지와 메뉴 선택이라고 한다. 어떤 식당을 갈 지 선택할 때 오래 걸리고 메뉴를 빨리 주문하지 않으면 여행에 노련해 보이지 않고 대접을 못한다고 생각하는 경우가 많다. 유럽에 사는 사람이라고 해도 여행지의 식당을 다 잘 알 수는 없고 사람마다 식성도 다르니 여러가지 고려하다 보면 시간이 소요된다.

음식은 그 나라의 문화와 밀접한 관계가 있고 음식을 고르는 일도 여행의 일부이다. 동반자가 있을 경우 한 사람이 결정을 하게 되면 맛이 좀 없더라도 함께 즐거워하며 먹고, 다음 여행지에선 무엇을 먹을까 의논해 보자.

반대로 블로그에 나와 있는 맛집을 찾아가기 위해 시간을 많이 소비하는 경우도 있는데 잘 못 찾아가면 관광객이 주로 가는 외국사람의 맛집일 수도 있다. 특히 블로그는 젊은 사람들 위주로 쓰여 있는 곳이 많으므로 장소를 정해 찾아가기 전에 메뉴가 맞는지, 리뷰의 어떤 점이 그 식당에 가고 싶은 지 생각해 보자. 나의 여행의 목적이 미식여행이 아니라면 여행 동선에서 오랜 시간이 걸리지 않는 범위내의 식당을 찾고 리뷰의 회수도 참고하자. 나의 구별 방법 중 하나는 사람이 너무 없는 곳은 피한다. 내가 있는 장소 근처의 음식점 평점의 수와 내용을 확인한다. 평점의 수가 적으면 점수가 높더라도 좋은 식당이 아닐 확률이 높다. 평점의 숫자가 많으면 점수가 높지 않아도 대체적으로 많은 사람들이 찾는 식당이기 때문에 큰 실패는 하지 않는다. 여행하는 날 중에 매일 완벽한 식당을 선택하는 일은 한국에서도 쉽지 않다. 나에게 주어진 식사 시간도 즐기도록 하자. 음식을 가리는 사람은 한국에서 비상 식량을 챙겨 오도록 하자.

돌로미테에서 만난 어르신 다섯 분은 한 할머니가 여행 계획을 짜고, 두 어머니들은 숙소에 들어오면 식사 준비를 하고, 두 남자 분은 교대로 운전을 한다고 하셨다. 나의 부족함을 채워주는 사람과의 여행, 내가 할 수 있는 부분을 나누는 것이 여행이다. 내가 예약하고 계획하는 일을 잘 못한다면, 다른 할 수 있는 일을 찾아가며 서로 돕는다면 여행의 시너지 효과를 볼 수 있다. 여행 시 내가 좀 가기 싫은 장소라고 하더라도 친구가 가고 싶다면 기쁜 마음으로 같이 가 주는 것이 동반자에 대한 배려이자 예의이다.

길을 찾아 가는 과정도 마찬가지이다. 여행을 계획한 사람을 도와 길을 쉽게 찾지 못해도 같이 돕고 격려해 주자. 전적으로 한사람에게 의지하기 보다는 내가 할 수 있는 부분과 따라가 주는 부분이 적당히 조화된다면 여행 후에 더 돈독해진 마음으로 오래 갈 수 있는 진정한 친구가 된다. 상대방이 하자고 하는 일이 맘에 들지 않는 다면 대화해 보고 그래도 의견의 일치가 되지 않는 다면 기꺼이 따라 주는 넉넉

한 마음만큼 우정도 커진다.

3) 욕심버리기-완벽한 여행 보다 즐기는 여행 만들기

유럽은 지리적으로 멀기 때문에 한 번 여행 할때 많은 장소를 보고 싶다. 그러나 무리한 스케쥴은 여행을 힘들게 느끼게 하고 인증샷만 찍고 다음 장소로 향하게 되어 한국에 돌아가면 사진 있어도 어디를 갔는지 기억하기조차 힘들다. 내가 어디 어디를 다녀 왔다고 자랑하는 여행은 피하자. 한 곳을 보더라도 여유롭게 생각하면서 살펴 보자

동선을 짜는 일은 여행 계획 중 가장 중요하다. 초보 여행자라면 더욱 여유로운 스케쥴을 계획해야 한다. 내가 보고 싶은 것들, 내가 좋아하는 것들의 우선 순위를 정리해서 지도에 표시하면 더 효율적인 동선을 짤 수 있다. 식사 시간을 여유롭게 잡고 시간이 남으면 커피나 맥주 한잔을 할 여유 정도 계산한다면 일정이 조금 잘 못 되더라도 무리하지 않게 여행할수 있다. 나의 체력, 속도를 고려해서 일정을 정해야 한다.

아이들이 중학생일 때 다른 부모와 같은 마음으로 영국과 프랑스로 여행을 떠난 적이 있다. 책에서만 보던 것들을 실제로 볼 기회를 주고 싶었고 옥스포드와 같은 명문대학을 방문해 멋진 대학생의 모습도 보여주고 싶었다. 아이들은 축구광이라 영국에 가서 축구 구경을 할 목표로 기쁘게 따라 나섰다. 부모와 자녀 간의 목적이 달랐다. 배우겠다는 동기 부여가 되어 있지 않은 자녀에게 가르쳐 주고, 뛰어 놀기 좋아하는 아이들에게 거대한 박물관은 오히려 역사나 박물관에 대한 반감을 갖게 한다.

그 다음날 우리는 운이 좋게 아스날 홈 경기 표를 구하는데 성공했다. 만석이었는데, 좌석이 비록 떨어져 있기는 하였지만 아이들이 꼭 보고 싶어 하는 경기표를 구입할 수 있다는 사실 만으로도 환호성을 외쳤다. 영국 프리미어리그를 현장에서 본다는 사실은 축구를 별로 좋아하지 않는 나에게도 멋진 경험이었다. 영국사람들의 축구에 대한 열광, 축구장의 스케일과 반응은 축구를 별로 좋아하지 않더라도 기회가 된다면 꼭 한번 경험해 보라고 권하고 싶다. 영국 아니 유럽의 축구는 유럽사람들의 성향을 이해하는 한 부분이다. 우리 가족도 함께 아스날 경기를 관전한 다음 사이가 더 돈독해지고, 영국여행의 가장 좋은 기억으로 간직하고 있다.

여행은 다른 사람이 짜 놓은 코스를 시간에 쫓기듯 따라가는 것이 아니라, 내가 좋아하는 것이 무엇인지 생각해 보

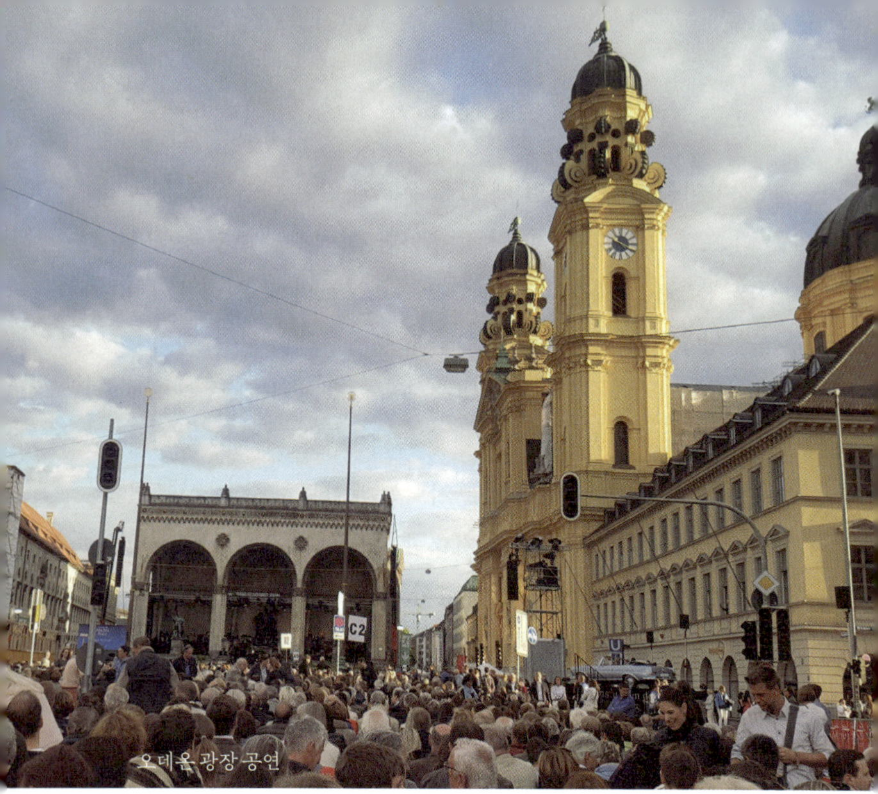
오데옹 광장 공연

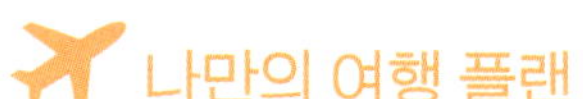

고, 다른 사람이나 사물을 선입견 없이 바라보고 이해하는 과정이다.

나만의 여행 플랜

나만의 여행을 준비하기 위해 하나씩 순서를 정하고 따라해 보자. 글쓰기에 육하원칙이 있듯이 여행에서도 육하원칙을 따라 본다면 시간을 낭비하지 않고 쉽고 체계적인 여행계획을 세울 수 있다. 유홍준 교수는 '나의 문화유산 답사기'에서 '아는 만큼 보인다' 라고 했다. 나의 경험으로도 여

행은 아는 만큼 보이고 준비하는 만큼 알게 된다. 준비하는 과정은 첫번째 여행이다. 절대 귀찮거나 힘들다고 생각하지 말고, 실제로 여행한다고 생각하자. 운동하는 동영상을 아무리 봐도 근육이 생기지 않듯이 여행을 직접 준비한 사람과 그냥 따라만 가는 사람의 여행은 결과적으로 얻는 감동이 다르다. 여행 준비는 절대 낭비하는 시간이 아니라 하나씩 배워가는 시간이다. 전체를 다 참여해 계획하지 않더라도 여행 장소에 대해 생각해 보고 일부라도 계획에 동참해 본다. 시간을 낭비하지 않고 나만의 여행을 계획하려면 육하 원칙과 마찬가지로 순서를 따라 하나씩 정리해 결정한다.

1) 누구와 함께 갈까? (Who)

'누구와 함께 여행을 갈까' 가장 먼저 결정하면 좋다. 같이 가는 동반자에 따라 여행의 테마가 달라지고, 장소, 시기와 무엇을 할 지에도 큰 영향을 미친다. 크게 가족(자녀 또는 부모와 함께 하는), 친구, 부부(커플)와 함께 하는 여행 그리고 혼자 하는 여행으로 나눌 수 있다. 여행 동반자에 따라 어떤 장점과 단점이 있는지 알아보고 누구와 어떤 여행을 할지 결정한다. 내가 여행을 같이 할 대상이 정해져 있다면 고려하거나 주의해야 할 사항을 생각해 본다.

❶ 가족 여행

편하다. 상대방의 성격을 잘 알고 있다.

가족은 세대 차이가 있으므로 함께 즐길 수 있는 장
소 또는 서로 공감할 수 있는 부분을 찾아야 한다.
여행 경험 유무, 나이 성별, 취향 등을 고려한 여행
지를 선택한다.

17세기 중반부터 영국에서 귀족의 자녀들에게 엄청난 비
용을 들여 파리와 이태리를 중심으로 문물을 보고 배우는
그랜드 투어가 유행하던 시절이 있었다. 1800년대에는 루
소의 저서 <에밀>의 영향을 받아 교육과정의 말미에 학생
들이 장기간 유럽을 여행하는 규정을 넣었던 그랜드 투어
가 대중적으로 확산되었다. 부모들은 형편만 된다면 자녀
에게 넓은 세상과 책에서 배우는 세계사, 문화, 예술의 중심
인 유럽을 실제로 보여주고 싶어한다. 나도 마찬가지였다.
자녀들은 시간도 많고 기회도 많다. 루소는 '여행하는 법을

안다'는 것은 나의 잣대로 다른 사람을 판단하고, 다른 사람과의 비교로 인해 생기는 편견에서 벗어나는 능력을 말한다고 했다. 우리는 아무리 많이 다양하게 보고 얘기를 들어도 나에게 적용하기 보다 다른사람에게 적용하는 습관이 있다. 자녀가 많이 보고 느끼기를 바란다면 내가 보고 배우도록 하자. 자연스레 자녀도 보고 배운다.

부부가 함께 하는 여행도 마찬가지로 분업을 통해 한사람이 여행을 모두 책임지기 보다는 서로 잘하는 점을 나눠 분담 한다. 작은 불만도 서로 얘기하고 싫은 일도 상대가 원한다면 적당히 맞춰주자. 양보는 여행의 미덕이다.

❷ 친구와 여행

장점
비슷한 연령과 세대공감

고려해야 할 점
동반자에 대한 이해(구성원의 취미, 성격(양보와 이해)), 식성, 나이, 체력, 친밀도(친한 정도)

친구와 함께 하는 여행, 특히 나이가 들어서 함께 여행할 친구가 있다는 것은 행복한 일이다. 여행하는 장소가 맘에 들지 않아도 여행 중 어려운 일이 생기더라도 함께 추억으로 넘어 갈 수 있기 때문이다. 여행을 리드하는 친구가 있다면, 적극 호응해 주어야 한다. 의견을 물어볼 때 적극적으로 의사를 표현하고, 의견을 내지 않았다면 조금 만족스럽지 않더라도 긍정적으로 협조한다. 여행사 직원들은 이미 여러 번 답사를 다녀오고 정해진 장소를 가지만 자유여행은 실수와 변수가 많다. 실수 때문에 나중에 추억이 생기기도 하고 못 본 것들을 볼 수도 있기 때문에 한 사람에게 모든 것을 맡기기 보다는 함께 나누며 즐길 수 있어야 한다.

미술관을 간다고 가정해 보자. 성격에 따라 보는 속도에도 많은 차이가 있다. 그림을 하나하나 천천히 보아야 하는 친구와 전체적인 분위기를 보는 친구 사이에는 시간의 차이가 크다. 가기 힘든 장소인데 한 쪽에 맞추라고 할 수는 없다. 유럽에는 미술관이나 박물관이 워낙 많기 때문에 이럴 경우에도 중간 정도에 맞춰서 각자 보고 기념품 샵에서 만나거나, 미술관 까페에서 만난다. 성향이 잘 맞는 친구와 여행을 하면 좋지만, 서로에 대한 배려로 장소와 시간을 배정한다. 나도 동반자도 서로에게 좋은 파트너가 되는 방법은 상대방의 속도, 취향에 적당히 맞추고 이해하는 태도이다.

많이 보는 것 보다 더 중요한 일은 구성원 간의 조화이다. 며칠 동안 함께 먹고 자는 것은 가끔 만나서 식사하는 것과는 다르다. 여행을 다녀와 사이가 나빠져 보지 않는 친구도 있지만, 분명 여행 후 더 친해지는 친구도 있다. 좋은 친구인지 알고 싶다면 반드시 여행을 해 보자. 여행은 착한 친구보다 이해나 배려가 있는 친구가 좋다.

❸ 혼자 떠나는 여행

장점

다른 사람과 맞출 필요가 없다.

단점

혼자 숙식을 한다. 여러가지 음식을 맛볼 수 없다.

트립 1

독일에서 돌아오기 몇 달 전 문득 생각해 보니 많은 여행을 다녔지만 당일치기를 제외하면 혼자 여행했던 적이 없었다. 일주일 정도 여유 시간이 있었고 시기는 5월 초였다. 10여년 전 패키지로 갔던 네덜란드가 떠올랐다. 때는 마침 튤립 축제 시기였다. 어렴풋이 떠오르는 풍차와 우리집 입구에 놓여있던 전통 나막신 하나가 내가 기억하는 네덜란드 여행의 전부였다. 암스테르담행 비행기표를 검색해보니 마침 저렴하다. 추억을 소환하고 제대로 네덜란드를 돌아볼 마음으로 짐을 꾸렸다.

　네덜란드 하면 튤립이 떠오른다. 세계 최대의 튤립 수출 국답게 매년 3월부터 5월 사이 암스테르담 쾨겐호프에서 튤립 축제가 열린다. 쾨겐호프 또는 튤립 축제라고 검색하면 장소와 버스 타고 가는 법, 입장권 예매 방법 등을 자세히 알 수 있다. 제일 좋은 시기에 계획도 없이 네덜란드를 방문하는 행운을 잡았다. '유럽의 정원'이라는 별칭을 갖고 있으며 약 700만개에 달하는 꽃의 구근이 만발한 시기였다. 튤립을 관리하는 정원사들의 정성에 눈길이 간다. 정원사들은 시든 꽃잎을 일일이 한 잎 한 잎 떼어 내고 있었다. '아 그래서 이렇게 피어 있는 꽃들이 모두 예쁘구나!' 혼자 유유자적 걸어다니니 눈에 들어오는 것들이 더 많았다. 우아함을 뽐내는 각양각색의 튤립 길을 내가 보고 싶은 시간 만큼 둘러보고 차도 한 잔 하는 여유를 가졌다. 보라색 튤립이 그려진 작은 꽃병 하나를 기념품으로 샀다. 여행지에서 산 물건을 볼 때면 그 도시가 생각나기 때문에 부담가지 않는 작은 기념품 사는 것을 좋아한다.

　암스테르담에서는 한인 민박에서 지내며, 그 곳 주인에게 네덜란드에서 살아가는 이야기도 듣고 여행에 대한 이야기도 나눴다. 혼자 여행을 한다면 한인민박을 선택해도 외롭지도 않고 가격도 저렴한 편이라 나쁘지 않다. 단 청결도가 주인에 따라 다를 수 있으니 후기를 반드시 확인해야 한다. 영어를 잘 한다면 유스호스텔도 괜찮지만 가격이 저렴해 젊은 사람들이 많이 이용한다.

암스테르담에는 세계가 사랑하는 화가 고흐와 렘브란트가 있다. 암스테르담 국립미술관에 렘브란트의 그림이, 바로 옆에 고흐 미술관이 있으니 같이 들려보기 편하다. 그 외에 안네의 일기로 알려진 안네프랑크가족이 숨어 살던 집이 박물관으로 남아 있다. 감옥과 같은 은신처에서 선물 받은 일기장에 2년이 넘게 써 내려간 어린 소녀의 글을 통해 우리는 그 당시 상황을 조금이나마 추측해 볼 수 있다. 예약을 하지 않아 1시간이 넘게 줄을 서 기다렸다. 좁은 계단 위로 올라가면 가족들이 숨어 살 던 방이 있다. 실제 장소를 보면 글 속의 내용이 살아 이야기하는 것 같다. 안네프랑크의 집에 가고 싶다면 반드시 예매를 해야 한다. 예약을 하지 않으면 몇시간 기다려 줄을 서고도 표를 사지 못할 수도 있기 때문이다. 많은 사람들이 이 좁은 공간을 보러 방문하는 걸 보면 이런 끔찍한 일이 다시 생겨서는 안된다는 암울한 역사적 사실에 공감을 하는 사람이 많다는 얘기일 것이다.

세계의 협력과 평화를 상징하는 도시 헤이그로 가는 길은 기차를 타고 정도 걸린다. 헤이그는 혼자 걷고 즐기기에 좋은 도시이다. 차이나타운을 걷다 이준 열사 기념관을 만났다. 헤이그는 일본에게 나라를 빼앗길 수밖에 없었던 고종이 만국평화회의에 비밀 특사를 파견했던 곳(비넨호프)이고 국제사법재판소와 상설중재재판소와 평화궁이 있는 국제기구가 많은 도시다. 입구에 들어서니 평화궁을 소개하는 비디오에 반기문전 유엔사무총장의 모습이 반가웠다.

2) 어디로 갈까? 이유는? (지리적 이해와 테마 설정)

❶ 지리의 이해

지리적인 이해는 여행지 루트짜기에 매우 중요한 요소이다. 보통 등선을 계획할 때 블로그나 유투브 등을 참조하거나 다른사람의 여행 일정을 따라 하기 쉽다. 여행 블로그에서 '스페인 포르투갈 7박8일 일정 짜주세요.' 이렇게 물어보기도 하고 '스페인 포르투갈 7박8일 일정 다녀왔어요' 하고 자기가 다녀온 곳을 보여주기도 한다. 그러나 다른 사람이 계획해 놓은 노선을 따라가는 일은 옳지도 않고 여행하기도 어렵다. 장소를 찍고 또 찍고 다니기에 바쁘다. SNS에 나온 여행 루트는 지리적인 위치를 이해하지 않고 유명한 곳들만 나열해 놓아서 여행의 루트가 거의 비슷하다. 심지어 왜 방문해야 하는 지, 가 보고 후회하는 곳도 많다. 다른 사람의 루트는 그 여행자의 방문 이유를 살펴보고 참조한다. 블로그를 참고할 땐 젊은 블로거가 많기 때문에 여행자의 나이를 고려한다.

이번이 처음이자 마지막이 될 것 같은 이유로 유명한 곳을 모두 방문하겠다는 욕심이 생기면 동으로 서로 왔다 갔다 하면서 제대로 보기 어렵다. 1. 내가 가장 보고 싶은 나라를 지정하고 2. 그 나라를 중심에 두고 무엇을 보고 싶은 지 장소를 구글맵에 저장해 보자. 물론 반드시 보아야 하는 Must See 장소가 있다. 그런 곳은 지도 어플(구글 권장) 저장시에 꼭 빨간 색이나 다른 색으로 중요도를 표시한다. 효율적인 루트는 시간도 절약하며 비용도 아낄 수 있다. 지리에 따라 날씨와 풍경이 다르므로 어느 계절에 방문이 좋은지도 알 수 있다

유럽의 제일 서쪽 포르투갈부터 서유럽, 동유

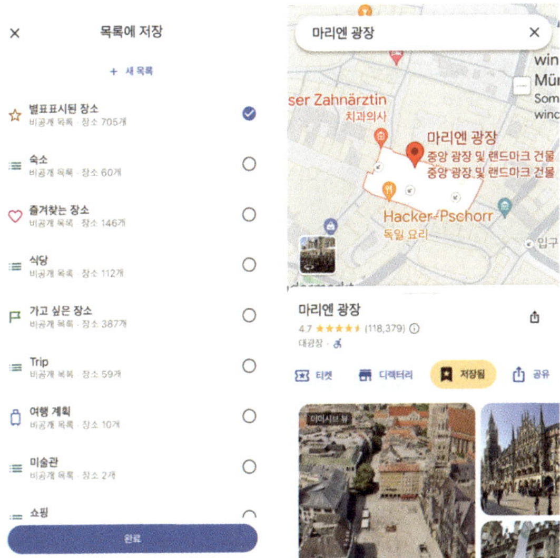

럽, 북유럽, 그리고 남 유럽에 어느 나라가 있는지 정도는 알고 시작하자. 나라를 나누는 기준이 여러가지 있으나 우선 지리적으로만 생각하면 독일을 중심으로 놓고 동서남북으로 나누어 본다. 서쪽과 남쪽은 날씨가 따뜻하고, 오래된 역사와 박물관등 과거 유럽의 강대국이 많다. 동유럽의 나라들은 체코, 헝가리, 크로아티아 등 대부분 늦게 독립했고, 건축물이 동유럽만의 웅장한 분위기가 있으며, 물가가 싼 편이지만, 겨울에 춥다. 북유럽의 나라는 대체적으로 부유하고 여름엔 백야가 있어 해가 거의 지지 않아 겨울에는 세시도 안되 어두워진다. 내가 가장 가고 싶은 나라를 중심으로 그 근처의 나라를 보거나, 내가 보고자 하는 것들과 관련된 분야의 가고 싶은 곳을 지도에 먼저 저장해 놓고 이동경로를 따라 순서를 정하면 다른 블로그를 따라 여행하는 것보다 시간과 비용을 절약할 수 있다.

미술을 전공한 친구가 스페인의 가우디의 작품을 보고 싶고, 피렌체의 박물관도 가고싶고, 오스트리아에서 클림트의 키스(그림)도 보아야 하고 밀라노 쇼핑도 하겠다고 했으나 시간은 8일 밖에 없다. 이럴 경우 각 도시만 찍고 오기도 어려운 일정이다. 내가 가장 보고 싶은 곳을 한 곳 정하고 그 주변 도시나 국가를 중심으로 어떤 장소가 있는지 알아보고 루트를 결정한다. 유럽이 서로 국경을 맞대고 있다고 하더라도, 전체 유럽을 한번에 훑어보겠다는 생각은 절대 하면 안된다. 대충 본다고 해도 우리나라 전체를 일주일에 도는 일보다 한달동안 유럽을 모두 돌아보는 일이 더 어렵다. 여행계획의 중요한 항목은 욕심을 버리는 일이다.

❷ 테마설정

유럽에서는 자동차를 타고 지나가다 보면 나라가 달라진다. 그냥 간판이 바뀔 뿐이다. 우리나라의 다른 지역 (경상도, 전라도와 같은) 으로 진입하는 것과 같다. 그러나 언어가 바뀌고 성향도 달라진다. 프랑스, 이태리, 독일만 보아도 알 수 있다. 심지어 한 나라 안에서도 스위스는 서부와 동부가 물가가 비싸다는 점을 빼면 흡사 다른 나라 같다. 서부는 프랑스어를 더 먼저 쓰기 때문에 문화도 프랑스에 가깝지만 중동부는 독일어를 사용하며 독일과 성향이 비슷하다. 반면 이태리 북부는 독일과 비슷한 점이 많아 독일인지 이태리인지 구분이 잘 가지 않는다. 한 도시를 방문해서 그 나라 사람의 문화와 성격을 판단할 수 없는 이유이다. 내가 가장 가고 싶은 곳을 중심으로 동선을 그려 이동이 가까우면서 다양하게 경험할 수 있는 장소를 선택한다면 최소의 이동으로 여러 장소를 방문할 수 있으니 효과적인 여행을 할 수 있다. 경험을 바탕으로 동반자에 따라 어떤 장소를 어떻게 여행했는지 실제 장소 결정 사례를 구분해 살펴보자.

국경간판

3) 장소 결정에 고려해야 할 사항

한 사람의 결정보다 구성원의 성격이나 특징을 적고 함께 공유할 수 있는 장소를 선정해 보자. 여행의 경험 유무도 장소를 정하는데 고려대상이다.

❶ 해외여행을 많이 가보지 않은 가족

가족의 특징을 정리해 본다.

여행 경험

해외여행 경험 적다. 유럽 여행은 처음이다.

구성원

아들 고등학교 1학년-축구를 좋아한다.
딸 초등 6학년 그림 그리기를 좋아하고
음식에 관심이 많다.
아버지(40대) 역사를 좋아한다.
엄마(40대) 특별한 선호 사항 없다.
여행기간-8박9일

트립 2

역사하면 아무래도 로마 중심의 이태리가 아닐까 싶다.
죽기전에 꼭 한번은 가보아야 하는 장소, 역사와 이야기 거리가 많은 이태리를 시작해 북쪽으로 이동해 독일 휘센을 거쳐 뮌헨에서 마무리 하기로 했다.

비행기로 로마로 들어가(IN), 로마시내는 자유여행, 바티칸과 남부 이태리는 현지 가이드 투어를 하기로 했다. 한국인 현지 가이드 투어는 시간을 절약해 준다. 특히 남부 이태리는 치안도 좋지 않고 길도 좁고, 교통도 좋지 않아 초보 개인 여행자가 단시간에 여행하기엔 부담스럽다. 현지 가이드 투어는 차량을 포함해 빠른 시간 내에 중요한 곳을 설명과 함께 돌아 본다. 좋은 현지 가이드 투어는 좋은 역사 선생님을 모시고 다니는 것과 같다.

바티칸 종탑에서 바로 본 베드로 성당

로마에서는 시내에 있는 에어비엔비에 숙소를 정했다. 자녀가 있는 가족이 같이 갈 경우 호텔보다 에어비엔비가 집과 같이 여유로운 공간을 사용할 수 있다. 시간이 되는대로 역사적인 장소, 로마의 휴일에 나오는 스페인 광장을 걸으며 영화와 같이 달콤한 젤라또를 사 먹으며 로마를 누려보기로 했다.

이번 이태리 여행에서 피렌체를 넣지 않은 이유는 아이들에게 로마가 더 크고 역사적인 현장이 많은데 짧은 일정에 피렌체까지 더하면 아이들에게 무리가 되고 지루할 듯하여 생략하였다. 피렌체는 로마에서 기차로 두시간이면 갈 수 있고 아름답고 유명한 우피치 미술관에 레오나르도 다빈치와 미켈란젤로를 포함한 유명 작품이 많지만, 여행 일정에 따라 우리는 남부 쪽으로 다녀오기로 했다. 여행은 추가하고 빼는 것이 중요하다. 아무리 가까운 곳이라고 해도 모든곳을 다 갈 수는 없다. 요즘 사진을 배우는 데 사진 선생님이 말씀 하셨다. 'Don't be greedy! 카메라 안에 이것도 담고 저것도 담고 싶으면 하나도 제대로 담을 수 없다고 한다. 여행도 마찬가지여서 욕심을 버리고 여행에서 얻고 싶은 가장 중요한 점이 무엇인지, 시간과 체력을 고려하여 결정한다.

이태리 남부를 포함해 로마에서 4일을 묵고 기차를 타고 베니스로 이동했다. 뮌헨 까지 기차로 가면서 중간에 들리는 도시로 베니스를 정했다. 유럽 기차 여행은 편리하고 좋은 점이 많다. 자녀에게 플랫폼을 체크하게 하고 주변 사람들의 다양한 모습도 살펴 볼 수 있다. 기차 여행은 대체적으로 제시간에 출발하고 중앙역이 대부분 시내에서 가까워 이동시간이 절약되며

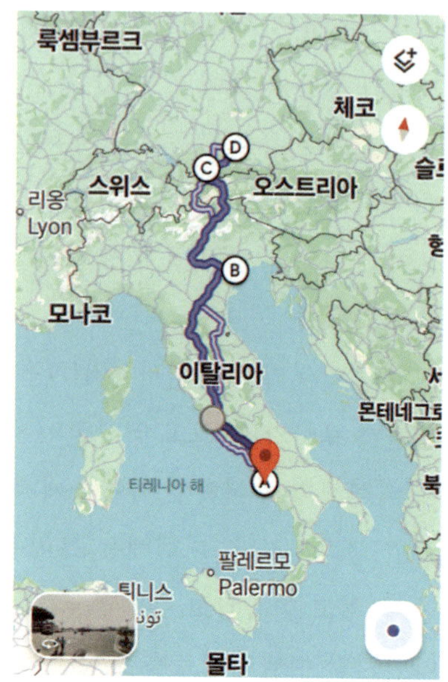

물품 보관소를 이용할 수도 있다. 좌석이 정해져 있어 편하고 경치 감상하기도 좋으며 와이파이도 대부분 제공한다.

10월의 베니스는 여행하기에 최적의 날씨다. 나는 1월 4월 10월 세번 베니스를 방문 했는데 겨울의 베니스와 가을의 베니스는 마치 다른 나라와 같다. 바다를 끼고 있는 섬들은 대부분 비슷해 날씨가 추우면 을씨년스럽고 스산한 분위기를 자아낸다. 누군가 어떤 장소의 여행이 좋았다고 할 경우 그 곳의 방문 시기와 이유를 확인 해 보는 것도 중요한 팁이다. 2박 후 기차를 타고 뮌헨으로 돌아와 독일 분데스리거 중 가장 강력한 팀인 바이에른 뮌헨 경기장 투어를 하기로 했다. 바이에른 경기장에는 영어와 스페인어로 된 가

이드 투어가 있다. 가이드 투어를 해야만 선수들이 들어가는 락커 룸 안까지 구경이 가능하다. 축구를 좋아하는 많은 유럽친구들이 축구장 가이드 투어에 참여했다. 축구를 좋아하는 조카도 이 시간이 가장 신났던거 같다.

트립 3
가족여행 (각자 유럽여행의 경험이 있는)

테마: 활동적인 자녀의 액티비티와 자연체험

대학생 자녀가 있는 우리 가족은 각자 다른 유럽의 여러 장소를 다녀온 적이 있다. 서로 겹치지 않고 취미를 고려해 여행을 계획했다. 흔하지 않은 루트라 추천하고 싶고 가족여행에 적용할 만한 여행지라 소개하고 싶다. 독일의 서남쪽에 위치한 검은 숲으로 유명한 흑림이 있는 프라이부르크와 차로 30분 거리의 여정이다. 한국에서 온다면 스위스나 프랑스 독일 어느 쪽에서 in 을 해도 가능하다. 즉 독일-프랑스-스위스의 루트지만 이동거리는 멀지 않다. 프라이부르크는 알쓸신잡에 나왔던 친 환경 도시이다. 전세계 임업인과 임학자들이 평생 꼭 한번은 방문하고 싶어하는 흑림은 빽빽이 들어선 아름드리 나무들 때문에 하늘이 보이지 않는다고 해서 붙여진 이름이다. 독일의 정교한 정밀시계 제조기술과 흑림의 나무가 어울려 만들어진 벽시계 일명 뻐꾸기 시계의 고향이기도하다. 아직도 수제로 만들어 전 세계로 수출을 한다. 산 속 펜션에서 하루를 지내며 하이킹을 했다. (부킹닷컴이나 비엔비에서도 예약이 가능하다)

놀이 공원을 좋아 하는 아이들이 있는 가족은 보통 미국, 일본, 홍콩에 있는 디즈니를 방문한다. 그러나 흑림에서 30분 거리의 유로파 파크는 11개의 다양한 롤러코스터외에도 스릴있는 놀이기구가 많아 중 고등학생 이상의 놀이 공원을 좋아하는 자녀에게 아주 적합한 장소이다. 독일에 있지만 위치가 스위스와 프랑스 국경지대에 있어서 그런지 독일 사람보다 다른 유럽 사람이 더 많아 보였다. 놀이기구를 싫어하는 남편과 나는 공연, 투우경기 등 다양한 볼거리를 즐겼고, 아이들은 놀이 기구 위주로 유로파크를 즐겼다.

유로 파크에서 차로 30분 정도 거리에는 아름다운 프랑스 소도시들이 있다. 대성당으로 유명한 스트라스 부르와 하울의 움직이는 성의 배경인 아름다운 마을 콜마르를 방문하고 20분거리의 슈바이처 박사의 고향이 있다. 의사이기 전에 파이프 오르간을 잘 치는 음악가이자 철학자 신학박사였던 슈바이처 박사의 인류에 대한 형제애도 새겨 보

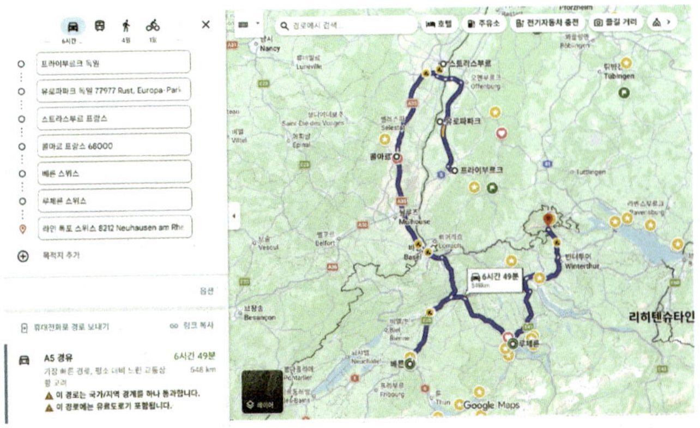

앉다. 유럽의 아름다운 마을에서 유명한 사람들의 흔적을 찾아 보는 일은 유럽 투어의 매력 중 하나이다. 스위스의 베른에서도 상대성이론을 발표한 아인스타인이 살았던 집을 방문해 그의 인간다움을 알 수 있었다. 유대인이였던 아인슈타인은 원자폭탄의 개발에 참여했지만 반전 운동가였고, 평화주의자 였음을 알 수 있었다. 유럽은 방문하는 장소마다 우리가 알고 있는 유명한 사람들과 마주하게 된다.

스위스의 수도지만 작고 아레강(Are)으로 둘러 쌓여 언덕위에 건설된 요새인 베른은 중세 분위기가 아직도 잘 보존 되어 구시가지 전체가 유네스코 세계유산으로 등재되어 있어 걸어서 구경하기에 제격인 매력적인 도시이다. 나는 개인적으로 베른이 가장 멋진 도시이지만 스위스 사람들에게 꼭 한 곳 추천할 만한 여행지를 물어보니 모두 루체른을 꼽았다. 유럽에서 가장 오래된 목조 다리인 카펠교와 프랑스 혁명에서 마지막까지 루이 16세를 지킨 스위스 용병을

기린 덴마크 조각가 토르빌센이 만든 빈사의 사자상으로 유명한 루체른이 스위스에서 가장 인기있는 도시이다. 기차로 다른 도시로 이동하기 편하며 렌터카로 여행을 한다면 독일과 스위스 국경에 자리한 거대한 라인폭포를 지나 알프스를 병풍 삼아 독일, 오스트리아, 스위스를 경험할 수 있는 좋은 장소이다. 우리가족은 렌터카로 여행해 스위스에서 독일로 내려오며 콘스탄츠, 프리드리스하펜과 같은 매력적인 소도시를 들리며 쉬엄 쉬엄 독일로 돌아왔다.

여행의 주제를 잘 맞추면 자녀와 함께 교육적이면서도 신나는 여행을 하지만, 주제가 맞지 않으면 세대차와 관심도의 차이에 따라 부모나 자녀 중 한 쪽이 불만이 쌓이기 쉽

다. 사춘기 청소년과 함께 여행을 할 경우에는 꼭 보여주고
싶은 것과 아이들이 좋아하는 것이 무엇인지 생각해 보고
자녀의 눈높이에 맞춰 장소를 선정하자.

❷ 친구(커플) 여행

트립 4

친구들끼리 여행은 부담이 적고 자유롭다. 대
부분의 아주 유명한 관광지 예를 들면 파리나 로
마-는 가족 여행지로 선택되는 경우가 많기 때문
에 친구와의 여행은 조금 더 편하고, 공부보다는
자연을 즐길 수 있는 장소가 어울린다. 예를 들면
같은 이탈리아 여행을 계획한
다고 하더라도 동반자가 여자
친구들이라면 쇼핑과 패션이
화려한 밀라노 중심으로 계획
하면 좋을 듯하고 동반자가
가족이거나 부부, 남자들이
포함되어 있으면 로마 위주의
역사기행을 추천하고 싶다.
물론 가족의 성향에 따라 달
라지니 동반자의 특성을 고려

하여 여행지를 정한다. 친구부부와 함께 밀라노에 여행한 적이 있는데, 남편이 쇼핑을 좋아하지 않아 남편들은 바에서 와인을 즐기고, 여자끼리는 쇼핑을 다녔다. 로마와 밀라노는 거리 사람들의 의상과 상점의 분위기가 다르다. 멋진 이태리 남자는 로마에서는 찾기 힘들다. 패션의 도시 밀라노에서는 물건을 사지 않고 그냥 구경만해도 즐거운 여행이 된다. 독일에 살다가 밀라노에 가면 보여지는 색상이 완전히 달랐다. 독일 사람들은 검은 색과 단조로운 옷차림을 즐겨 입는 반면 밀라노 거리의 남자들은 다양한 색의 옷을 주로 입는 패셔니스트들이다.

❸ 동성친구와 여행

트립 5

여자 친구들과 밀라노에서 차를 렌트해 프랑스 남부 여행을 했다. 밀라노에서 프랑스 남부로 가는 도로는 깍아지른듯 한 절벽으로 이루어져 절경

이지만 살짝 무섭기도 하다. 해변도로를 달리는
것은 어느 바다나 다 좋지만, 지중해 연안을 따라
달리는 경관과 기분은 또 다른 해안 지방을 운전
하는 것과는 다른 짜릿함과 상쾌함이 전해진다.
작은 차는 바람에 날려 낭떠러지 아래로 떨어질
듯하다. 운전을 좋아 한다면 한번쯤 드라이브 여
행으로 추천한다. 해안을 따라 이뤄진 아름다운
도시들(망통, 모나코, 니스, 칸)를 거쳐 고흐와 세잔
등 유명화가들이 거쳐간 프로방스지역을 거닐며
차 한잔 또는 와인 한 잔 하면 친구들끼리 우정이
더 돈독해질 수 밖에 없다. 아직 라벤다가 활짝 피
지 않았음이 너무 아쉬웠다. 언젠가는 7월에 보라
빛 천국 라벤다를 보러 다시 오리라 다짐해 본다.
유명한 자연주의 화장품 록시땅의 고향이기도 한

프로방스의 아름다운 마을들, 특히, 샤갈과 마티스, 피카소, 이브 몽탕 등 예술가, 명사들이 머물렀던 남프랑스의 따뜻한 언덕 위에 자리한 마을들을 친구들과 거닐며 나도 예술가가 된 기분으로 골목을 누비며 다녔던 추억은 아직도 가슴 한 켠에 따뜻함으로 남았다.

한편 칠흙 같이 어두운 길에 한시간 동안 달려도 차 한대 오지 않는 도로를 달려 숙소로 향했다. 베르동 협곡, 산속에 있거나, 찾기가 힘든 곳의 숙소는 해가 지기 전에 가야 한다는 교훈을 남겼다. 사실 친구와 가는 여행은 좀 편하다. 덜 아름다워도 하하 호호 웃을 수 있다. 여행에 박물관이나 미술관과 같이 취미에 따라 보는 시간이 길어지는 장소는 취미가 비슷한 친구끼리 다닌다.

누구와 갈지가 정해지면 테마를 정하고 그 테마에 맞춰 여행 장소를 넓게 몇 곳 정한다. 테마를 한사람에게 맞추지 말고 함께 공감할 수 있거나, 서로의 관심분야를 존중해 줄 수 있는 곳으로 계획 하자. 인상파 화가들의 주 무대였던 프랑스 남부의 소도시들은 부담없이 거닐고, 먹고, 즐길 수 있는 여행지다. 여행은 무엇을 보느냐도 중요하지만, 여행에서의 경험을 함께 나누며, 긍정적인 에너지를 주고 받는다면 성공적이다. 이제 동반자와 나라가 정해졌다면 여행을 갈 시기를 정해보자.

3) 고려해야 할 여행 시기와 예산

장소를 정했다면 그 장소에 최적인 시기를 알아보자. 아니 여행의 시기에 따라 장소 선정을 할 수도 있다. 여행할 수 있는 시간이 정해져 있다면 그 시기에 여행하기 좋은 장소를 선택해 보자. 나는 한 곳을 여러 번, 여러 계절에 방문한 경험이 많다. 같은 장소라고 해도, 계절에 따라 그 도시에 대한 느낌과 생각이 완전히 달라 사람들의 평이 상이하다. 예를 들면 여름에만 여행이 가능하다고 한다면 스페인이나 이태리 로마와 같은 더운 도시는 피하는 것이 좋다. 걷기 조차 힘든 날씨에 걸어 다니다 보면 역사가 오래된 유적지가 모두 돌덩이로 보이고 쉽게 지친다.

대체로 북유럽, 동유럽이 여름에 여행하기 좋다. 북유럽은 백야가 있고 그보다 아래 지방에도 시간의 차이는 있으나 한국보다 훨씬 해가 길다. 썸머타임까지 있어서 밤 9시가 되어야 어두워지기 시작하니 하루를 길게 사용하고 오래 즐길 수 있다. 북유럽을 여행한다면 여름에도 반드시 두꺼운 옷을 준비해야 한다. 하루에 4계절의 날씨를 모두 만나기도 한다. 남편에게 겨울 옷을 챙겨 오라고 했는데 "여름에 추워 봤자지" 하면서 얇은 긴팔만 가져왔다가 물가 비싼 코펜하겐에서 일부러 시간을 내 두꺼운 옷을 사러가야 했다.

겨울(11월~3월 사이)에는 산이나 호수 또는 근처에 있는 관광지는 일찍 문을 닫거나 개방하지 않는 곳들 또는 시간 제한이 있는 곳이 많으니 개방시간을 확인한다. 북유럽은 한 겨울에 해가 떠 있는 시간이 4,5시간 정도 밖에 되지 않아 따뜻한 곳에서 겨울을 보내려고 가는 사람도 많으니 경치를 감상하려면 반드시 여름철에 여행한다. 오로라를 보고자 한다면 반대로 겨울에 방문하는 것이 좋다. 아무리 좋은 곳도 계절에 따라 그 장소의 분위기를 담아내지 못하고, 볼 수 있는 시간이 반으로 준다면 여행의 효율성이 떨어진다. 가고자 하는 목표 장소가 있다면, 그 시기에 방문이 적합한지 살펴본다. 최상의 계절에 방문하지 못하더라도, 최악의 조건은 피하자.

❶ 여름에 피해야 하는 곳

스페인은 겨울에도 연평균 15도 정도이다. 아열대 지중해 기후라(물론 북부지방은 다르겠지만, 일반적으로 우리가 여행하는 중부와 남부가 해당) 한겨울 낮에도 자주 20도 가량 기온이 올라간다. 2월 스페인 남부 말라가에서 차를 렌트하여 지중해 북쪽 해변, 유럽의 발코니라고 부르는 최남단 네르하 지역을 거쳐 그라나다로 여행했다. 연중 맑은 날이 300일에 달할 정도로 햇빛이 풍부해 여행하기 최적의 날씨였다. 그라나다는 1984년 알함브라(궁전)가 유네스코 세계문화 유산 목록에 등록 되어 있고, 이슬람, 유대교, 기독교인 간의 종교전쟁으로 폐허가 되었지만, 그럼에도 불구하고 독자적인 문화가 아직도 남아 있는 알바이신 지역 역시 1994년 유네스코에 등재 되어있다. 시원한 계절에 그냥 걷기도 숨이 턱턱 막히는 그 길을 40~50도를 오르내리는 여름에 걸어 다닌다고 가정해 보자. 일반적으로 독일을 중심으로 서쪽 또는 남쪽은 날씨가 따뜻하고 동쪽과 북쪽은 우리나라보다 춥다고 생각하면 쉽다.

알함브라

그리스의 섬들은 대체적으로 겨울을 피해야 한다. 하루키의 여행기 '먼 북소리'에 그리스 섬 (스펫체스섬과 미코노스섬)에서의 생활이 나온다. 여행객이 거의 없고, 을씨년스러운 분위기가 잘 묘사되었다. 11월말과 7월 산토리니와 아테네를 여행했다. 첫번째 여행은 바다를 사이에 두고 나뉘어 있는 터키와 그리스를 여행하면서 갈때는 배를 통해 아테네를 경유해 산토리니로, 올 때는 비행기를 이용해 터키로 돌아 갔다. 11월말은 산토리니의 1/3 은 이미 영업을 접었고 나머지도 쉬려고 준비하는 시기였다. 산토리니는 깍아 지른 절벽에 마을이 있기 때문에 큰 호텔이 없다. 여름에는 파란색과 하얀건물이 시원하게 느껴지지만, 겨울에는 제주도 보다도 더 세찬 바람이 불고 하얀색의 담장은 둘이 함께 있어도 고독하다. 사진을 찍으면 예술같이 나오지만, 실제의 느낌은 사진과 다르다. 산토리니는 화산섬이라 포도 외에는 거의 자라는게 없는 척박한 땅을 가졌는데 포도도 거센 바람에도 살아 남기 위해 땅 바닥에 붙어 또아리 쳐 있다. 거센 바람과 센 햇볕 덕에 포도의 당분이

높다고 한다. 사람도 많지 않은 곳에 심지어 바가
지 요금까지 있다.

　우리가 예약한 숙소는 Alta Vista Suite 였는데
기사가 내려준 곳은 Acua Vista Suite 였다. 예약확
인 이메일을 받은 전화로는 연락이 안된다.

　길을 헤메는 우리에게 산토리니에 별장이 있어
자주 온다고 하는 아저씨 한 분이 2G 폰 중에서도

산토리니

가장 초기 노키아 폰을 들고, 불쌍해 보이는 우리를 위해 경찰서에 전화하고, 사방에 물어봐 주셨다. 지금 생각하면 그분을 못 만났으면 어땠을까 생각이 든다. 바람은 불고, 해는 어느덧 뉘엇뉘엇 저물고 있었고, 호텔은 사기를 쳤는지 전화도 되지 않고,(호텔스닷컴으로 예약을 했는데 나와 있는 번호로 전화가 되지 않았다. 나중에 이유를 물어보니 전화번호가 변경되었다고 한다.). 1시간도 더 걸려서, 그리스 아저씨가 호텔을 찾았다고 했다. 룸이 몇 개 되지 않는 작은 숙소 였다. 숙소 앞에 수영장과 깍아 지른 절벽아래로 망망대해 에게해가 펼쳐져 있다. 여름에 보면 분명 감탄을 자아냈을 듯한 경치가 눈에 들어 오지도 않고 그 당시의 느낌으로는 스산하고 썰렁했다. 그 다음날도 무난하지 않았다. 다음날은 렌터카를 빌려 해변을 달렸는데 석양이 질 무렵 바닷가의 모래는 화산재처럼 색깔이 까맣다. 넘실거리는 파도와 뉘엿 뉘엿 지고 있는 태양이 보기 힘든 아름다운 모습을 만들었다. 잠시 차를 세워 셀카를 두세장 찍고 출발 하려는데, 바퀴가 모래 아래로 파고 들어 앞으로 나가질 못한다. 차를 세운 시간이 겨우 일이분 밖에 되지 않고 내린 것도 아닌데. 소형차라서 힘이 없는지 세게 밟을수록 차의 바퀴는 모래 안으로 더 들어가는 기분이다. 해는 지고 있었고, 물은 점 점 가까이 다가 오는데, 렌터카 회사에 전화를 하면 얼마만에 도착을 할까, 주변에 사람은 없을까? 물이 더 차면 어떻게 될까 걱정이 되면서 남편은 바깥에 나가서 모래를 파 보았다. 잠시뒤에 한 커플이 지나가다 우리를 보고 차를 세웠다. 나에게 후진을 하라고 한다. 차를 후진했더니 차가 뒤로 갔다. 방향을 틀어서 앞으로 차를몰아 보라고해 시키는대로 해 보았더니 차가 앞으로 나간다. 휴~~~~ 이렇게 고마울데가. 새로운 지식을 깨닫는 순간이었다. 안된다고 더 세게 밀고 나가면 더욱 더 안된다는 교훈을 배웠다. 한 발짝 뒤로 물러나 방향을 전환하는 생각! 산토리니는 고마운 사람들과의 추억을 남기며, 그 당시 당혹스러웠던 기억은 아직도 잊혀지지 않고 가슴에 남아 있다. 2018년 6월 크레타 여행시 가족들과 다시 찾은 산토리니는 완전히 다른 곳이었다. 스산함과 인생의 고독을 느껴 보고 싶다면 겨울 섬여행을 추천한다.

예술의 도시이자 물 위의 도시 베니스도 겨울 여행은 삼가는 것이 좋다. 아름다운 베니스를 볼 수 있는 최적의 시기는봄, 가을이다.

특별한 시즌에 방문해야 하는 장소도 있다. 스코틀랜드는 1년 중 8월에 모든 관광객이 모여든다. 전통의상 킬트를 입고, 백파이프를 연주하는 군악대 축제 밀리터리타투 페스티벌 (Royal Edinburgh Military Taoo) 과 전세계에서 몰려와 다양한 공연을 하는 프린지 페스티벌이 동시에 열린다. 여러가지 문화행사가 가득한 인터내셔널 페스티벌로 에딘버러는 8월 내내 북적거린다. 군악대 축제 첫날 방문을 해서, 공연이 반값이었다. 첫날은 기자들이 공연장에서 전세계로 나갈 기사를 쓰기 위한 사진을 찍기 때문에 할인을 해 준다. 8월의 스코틀랜드 특히 에딘버러는 방을 예약하기도 힘들고 비싸니 8월 스코틀랜드 여행을 하고 싶다면 일찍 예약해야만 한다. 스코트랜드는 여름에 약간 추울 만큼 서늘하다. 겨울에는 얼마나 추울까 걱정했더니 겨울은 또 영하로 잘 내려가지 않는다고 한다. 남쪽에서 올라오는 난류인 멕시코 해류의 영향으로 겨울에 따뜻하고, 여름에는 시원한 서안 해양성 기후가 나타난다. 해리포터의 작가 조앤 롤링이 초기 해리포터를 썼던 까페

스코틀랜드 글래스고

엘리펀트 하우스를 방문해 롤링이 앉아 커피를 마시며 해리포터를 썼던 장소에 앉아 커피를 마셔보니 나도 작가가 된 기분이 들었다. 아쉽게도 지금은 화재로 그 장소가 재건중이라고 한다. 스카치 위스키의 고향이기도 한 스코틀랜드에서 위스키위 재조과정을 보고 다양한 풍미를 지닌 몰트 위스키와 브랜드 위스키를 맛보며 행복해 하던 남편의 얼굴이 지금도 눈에 선하다.

프랑스 남부의 보라빛으로 가득한 라벤더 밭을 보고 싶다면 7월에 방문해야 하듯이 여행하고자 하는 장소의 방문 이유와 특징을 살펴보면 여행의 특정한 시기를 정할 수 있다.

날씨와 온도 외에도 그 나라의 휴일이나 명절도 고려 대상이다. 기독교를 대부분 국교로 하고 있는 유럽은 크리스마스에 모두 문을 닫는다. 가족과 함께 우리가 설을 세듯이 모여서 파티를 하거나, 조용한 곳에 쉬러 간다. 뮌헨에 예쁘고 아기자기한 크리스마스 마켓을 보겠다고 크리스마스에 여행 오면 23일 오후 2시부터 모든 가게가 문을 닫는다. 물론 더 일찍 닫는 곳도 많다. 식당도 닫고, 가게도 닫고, 길거리에 사람은 없고, 날씨마저 춥다. 유럽의 크리스마스를 즐기려면 꼭 크리스 마스 전에 방문 한다, 길거리 크리스마스 마켓에서 다양한 물건도 구경하고 뜨겁게 과일과 함께 끓인 글뤼바인(Gluwein, 프랑스의 뱅쇼)을 마시며 거리 축제 분위기를 느끼려면 크리스 마스 1, 2주 전에 여행한다.

여행할 수 있는 시기가 정해져 있다면 장소 선택 시 계절 조건도 반드시 체크해 본다. 단순히 인터넷 온도만 체크하고 가기 보다는 여행했던 사람들의 후기를 읽어보고 참조한다.

스위스 알프스와 쿠뵤스타인

예산

혼자 다니는 자유여행은 비용 조절이 가능하다. 전체 예산의 범위를 정하자. 예산은 나에게 맞추면 되므로 예산에 맞추는 팁을 간단히 정리해 본다.

1. 무조건 싸게 하겠다.
2. 가능하면 최소예산으로 여행 하겠다.
3. 가성비는 고려 하지만, 필요할 때는 비용을 쓴다.
4. 비용은 상관 없다.

전체 예산을 위에 네가지 중 하나로 조절하면 숙소, 교통편, 액티비티(공연 행사 참여) 등 즐길 만한 것들을 선택할 때 도움이 된다. 비용을 많이 지불해야 좋은 여행을 할 수 있는 것은 아니다. 어떤 사람은 숙소에 비중을 많이 두기도 하고, 다양한 액티비티를 선호하기도 한다. 교통수단(기차와 버스)의 선택도 비용의 차이가 크다. 버스는 가장 저렴한 교통수단이다. 유럽은 기차여행이 많은 편인데 그만큼 편하고 중앙역이 시내에 위치해 있지만 비용은 예약하는 시점에 따라 가격 변동이 있다. 때로 기차가 비행기 이용 보다 비싸지만, 추가 짐과 공항까지 이동 비용과 시간도 포함해 고려한다. 무조건 싼 교통편을 찾는 것 보다 편리성, 안전함을 고려해 가성비를 고려한다. 교통편을 이용해 다른 도시로 가는 것도 여행이다. 이동 시간 동안 그 곳의 경치를 감상하고 도시간의 매력을 느끼고 비교해 본다. 교통편 비교에 꼭 필요한 어플은 오미오(Omio) 어플이다. Omio 어플을 이용하면 모든 교통편이 걸리는 시간과 가격을 비교해 주고, 예약을 대행해 주거나 예약 할 수 있는 해당 웹사이트로 이동시켜 준다. 더 자세한 사항은 4장에서 알아보자.

비용에 따라 선택할 수 있는 나라도 달라지니 여행지가 내 예산에 적당한 지 확인한다. 여행 예산이 저예산이라면 스위스는 피한다. 스위스는 물가가 유럽에서 제일 비싼 곳 중 하나. 대중교통도 비싸고, 숙소, 음식도 비싸다. 스위스 카드를 이용한 기차여행도 비용이 많이 든다. 차량을 이용하는 여행을 한다면 스위스를 간다고 해도 그 이웃 국가, 즉 독일이나 오스트리아, 이태리에서 차를 빌린다면 훨씬 저렴하다. 알프스를 보고 싶다면 스위스보다 이태리 북부 또는 독일이나 오스트리아로 목적지를 바꿀 수도 있다. 비용이 저렴하다고 산이 덜 멋있는 것은 아니다. 스위스의 알프스는 산악열차와 같은 대중교통이 잘 되어 있다는 장점이 있지만 비용은 두배이상 든다. 각자의 산 마다 다른 매력이 존재하기 때문에 산에 순위를 매기기는 일은 불가능하다. 티롤의 진주라고 불리는 알프스 산맥 근처의 오스트리아 쿠프스타인을 등반했을 때가 가장 기억에 남는다.

스페인은 물가도 상대적으로 저렴하고 세계적인 랜드마크도 많다. 아침에 갈은 생과일 오렌지 주스, 커피한잔, 크라샹을 1.5~2.5 유로에 먹을 수 있다. (지금은 조금 더 올랐겠지만). 스페인보다 포르투갈은 더 저렴하다. 어느 나라를 여행하고 싶다면 그 나라의 물가를 체크해 보고 나의 예산으로 조절이 가능한 지 확인하자.

4) 무엇을 할까?

여행은 가만히 앉아서 보는 것이 아니라 능동적인 행위를 요구한다. 즉, 보는 것이 아니라 하는 것(Do Something)이다. 여행 장소가 정해 졌다면 그 곳에서만 할 수 있는 활동이 있는지 알아보고 즐겨보자. 내가 그 도시를 방문한 이유를 생각해 보고 액티비티를 적어본다.

❶ 공연, 축제, 박물관 등

유럽에는 길거리 공연(버스킹)도 많아 즐기고자 하는 마음만 있다면, 굳이 표를 구매하지 않아도 다양한 예술 활동을 접할 수 있다. 교회에서 하는 콘서트는 유럽 현지 공연을 미리 예매없이 값싸게 볼 수 있는 방법이다. 내가 저예산으로 여행한다면, 그곳에서만 볼 수 있는 길거리 공연, 축제 무료박물관을 알아보자. 독일이나 오스트리아, 체코 같은 곳을 방문했을 때 공연을 하나쯤 보지 않고, 그 나라의 문화를 이해했다고 하기 힘들다. 오스트리아를 방문한다면, 세계 3대 오페라 홀로 알려진 비엔나 오페라 하우스를 방문해 보자. 비싼 표도 있고 3, 4 유로에 볼 수 있는 입석표도 있다. 중간 브레이크 시간에 예전의 유럽귀족과 같

이 칵테일도 마시고 잠시 여유롭게 이야기도 나눈
다. 공연을 보러간다면 어느 정도는 분위기에 맞
게 차려입고 가야 한다. 유명한 공연이나 단체(베
를린 필하모니와 같은) 공연은 반드시 미리 (몇 달 전
또는1년전) 예약해야 한다.

미술관이나 박물관도 마찬가지 이다. 내가 파
리를 여행하는데, 저예산으로 여행을 한다고 박
물관이나 미술관에 가보지 않고 파리를 여행했다
고 하기는 힘들다. 예산에 맞춰서 티켓 예매를 하
고, 나라마다 무료로 오픈 하는 시간(마드리드 뮤지
엄) 또는 요일이 있고 할인 된 금액으로 감상할 수
있는 미술관도 찾아 본다. 마드리드의 프라도 미
술관, 레이나 소피아 미술관도 무료로 관람하는
시간이 있으며, 내가 살던 뮌헨은 매주 일요일 국
립박물관 미술관이 1유로이다. 예를 들면 피나코
텍(고대, 근대, 현대 미술관)을 1유로에 감상 할 수 있
다는 점은, 특별전이 있어야만 비싼 값에 볼 수 있
는 우리에게는 알면 도움되는 정보이다. 일요일
이면 가족끼리 미술관을 방문해서 고흐의 해바라
기 앞에서 그림을 따라 그리는 아이들을 흔히 볼
수 있다. 무료관람은 시간을 기다려야 하는 불편
한 점이 있을 수 있으니, 현지 사정을 미리 파악해
일찍 가서 줄을 서거나 나의 여행 비용에 따라 유

빈
오
페
라
극
장

료라도 여유롭게 방문해 본다.

　터키 중동부 지역에 카파도키아는 약 삼백만년 전 지각의 변동으로 인해 생긴 화산재와 수십만 년의 세월속에 쌓인 모래와 용회암이 만든 자연의 예술품, 스머프 동산의 배경이 된 역사와 독특한 아름다움으로 유네스코 유산으로 등재 되어있는 곳이다. 그냥 둘러보거나, 하이킹으로도 좋겠지만, 카파토키아에서 열기구를 타는 경험은 죽기전에 꼭 한번은 해 볼만한 액티비티라는 생각이 든다. 열기구는 다른 곳에서도 탈 수 있지만, 독특한 지형덕분에 새벽 단체로 열기구가 뜨기 때문에 다른 곳의 열기구 타기와는 비교 할 수 없는 멋진 광경을 선사해 준다. 바람이 조금만 불어도 취소 되는 일정이라 운도 따라야 한다. 일주일 동안 그곳에 있어도 보지 못하는 관광객도 많다. 우리는 운 좋게 두번째 날에 성공 했다. 가격이 비싸서 망설였는데 카파도키아에 간다면 값 이상의 값어치를 하니 날씨만 허락한다면 꼭 해보길 추천한다. 어둑한 새벽 해 뜨기 전 거대한 군단이 행군을 위해 전진하듯 트럭이 줄지어 열기구가 뜨는 장소로 이동한다. 열기구에 불을 지피고 한 대 한대 하늘로 올라 간다. 처음 올라갈 때 약간 긴장했지만, 실제로 올라간 다음에는 무섭지도 불안하지도 않

다. 경이로움만이 있을 뿐이다. 하늘 위에서 해가 떠오르는 광경을 바라보았다. 평생에 딱 한번 뿐 이겠지? 감탄의 환호성이 여기 저기에서 나온다. 값의 차이는 아침에 호텔픽업 후 주는 조식에 차 이가 있어 보인다 개인이 할 수 없는 투어로 바람 이 불어 취소 되면 전액 환불해 준다. 대학 입시라 같이 오지 못한 둘째에게 미안하고 다음에 꼭 같 이 오겠다고 다짐해 본다.

유럽에는 축제가 많다. 특히 모짜르트를 사랑 하는 사람이 많아 오스트리아의 잘츠부르크, 독 일의 뷔르츠 부르크, 프라하 등 다양한 곳에서 모 짜르트 페스티벌 또는 그를 기리는 축제가 펼쳐진 다. 뷔르츠 부르크는 로맨틱가도에 속한 곳으로 유네스코에 등재된 바로크 양식의 레지던스가 있 는 곳이다. 성과 구도시 사이에 라인강이 흐르며

700년이상된 와인밭과 와인 축제로 유명하다. 이곳은 와인 축제기간 맥주는 팔지 않고 오로지 와인만 판다. 맥주의 나라 독일이지만 이 지역만큼은 맥주대신 세계적으로 유명한 리슬링 와인을 즐긴다. 와인축제 기간 레지던스(궁전)에서 이 시기에만 열리는 콘서트 연주회가 있다. 친구가 번역기를 돌려가며 구하기 힘든 콘서트 표를 예약해두었다. 레지던스에서의 공연은 잊혀지지 않는 장면 중에 하나로 꼽힌다. 중세의 귀족처럼 궁궐 안에서 클래식 공연을 보고 중간 브레이크 타임에

는 평소에 개방하지 않는 정원을 오픈해 준다. 근처에는 훈제맥주로 유명하고 독일의 작은 베네치아로 불리는 밤베르크, 동화의 도시 로텐부르크 등 아름다운 도시들이 연결되어 있으니 시간이 허락한다면 아름다운 중세도시를 와인과 함께 경험해 보는 여행도 좋을 듯하다.

이 외에 뮌헨 옥토버페스티벌을 빼 놓을 수 없다. 내가 뮌헨에 도착한지 얼마 되지 않아 옥토버페스티벌이 열렸다. 옥토버페스티벌은 맥주를 좋아하는 사람에게는 죽기 전에 꼭 한번 방문해야 하는 흥이 넘치는 축제로 옥토버는 10월이라는 뜻이지만 9월 중순에 시작해 10월 초에 막을 내린다. 전 세계에서 몰려온 사람들이 만명 정도 들어가는 어마 어마한 대형 텐트 안에서 흥겨운 음악과 함께 전통옷을 입고 1000cc 짜리 맥주잔을 들고 프로스트(건배)를 외친다. 옥토버 페스트장에는 1000cc 맥주 밖에 팔지 않는다. 독일에서 맥주는 주(state)를 이동하지 않는다. 즉 옥토버페스티벌에는 바이에른 주의 맥주회사들만 참여한다. 코펜하겐에 갔을 때 칼스버그 양조장 투어를 한 적이 있는데 칼스버그도 맥주의 질을 좋게 하기 위해 바이에른 주로부터 양조 기술을 배워 왔다고

한다. 외국인들도 모두 바이에른 주의 전통 의상을 입고 밴드에 맞춰 노래하고 춤추며 현지인들과 하나가 된다.

· ·

❷ 취미 또는 관심을 고려한 장소와 액티비티

같은 도시를 가더라도 취미나 관심에 따라 방문하는 장소를 달리한다. 유럽에 아무리 박물관이 많다고 하더라도 내가 관심이 없으면 최소화 하거나 굳이 보지 않아도 된다. 뮌헨을 여행한다고 가정하자. 자동차를 좋아하는 사람은 BMW 박물관과 3시간 정도 거리의 벤츠의 고향 스투트가르트를 방문할 수도 있고, 축구를 좋아하는 사람은 독일 분데스리거 경기나 독일의 명문 바이에른 뮌헨 아레나 관람을, 맥주를 좋아하는 사람은 옥토버페스트에 맞춰 뮌헨을 방문하거나, 양조장을 운영하는 수도원이 있는 안덱스를 방문해보면 좋다. 안덱스는 맥주도 유명하지만 학샌(Haxn)과 쁘레젤도 맛있기로 유명하다. 뮌헨에서 버스로 이동이 가능하고 주변에 호수도 있다. 세계 2차대전의 암울했던 역사의 현장에 관심이 있다면 다하우 수용소를 방문해 본다. 다하우 수용소는 1933년 나치에 의해 세워진 최초의 수용소로 규모가 크고, 현장을 잘 기록해 보존해 놓았다. 독일 현지 학생들이 많이 방문해 다시 일어나서는 안되는 일임을 되새긴다. 방문자 센터에서 가이드도 가능하며 해설사 투어도 신청할 수 있다. 이 모든것을 다 보고 가려면 뮌헨에도 한달 이상 머물러야 하니 많이 방문하는 장소가 아니라 내가 관심이 있는 장소를 찾아 본다.

음악에 관심이 있거나 미술에 좋아한다면 음악가나 화가의 발자취를 따라 가 보는 일도 흥미롭다. 오스트리아 잘츠부르크는 모짜르트와 카라얀의 고향이다. 모짜르트 축제를 하는 시기에는 온 동네가 모짜르트로 가득하다. 모짜르트의 생가,

모짜르트가 세례 받았던 교회, 모짜르트가 연주했던 교회에는 그 당시 연주했던 오르간이 있다. 심지어 모짜르트 초콜릿도 원조가 있다.

유네스코 세계문화유산으로 등재된 잘츠부르크에서 1077년에 건설된 호엔잘츠부르크 요새에 올라가면 아름다운 잘츠부르크의 거리를 한눈에 내려다 볼 수 있다. 주의할 점은 성에 올라가는 산악열차(푸니쿨라)가 있는데 비용을 아끼려고 걸어 가는 사람들이 있다. 그런데 성에 다다를 무렵 매표소가 나온다. 언덕이 가파르기 때문에 올라갈 때는 열차를 타고 내려올 때 경치를 감상하며 걸어 내려오기를 추천한다.

영화 사운드 오브 뮤직을 좋아하는 사람에게는 영화에 나오는 곳을 방문하는투어도 있다. (https://www.panoramatours.com/en/salzburg) 대주교가 사랑하는 여인을 위해 지은 미라벨 궁전의 화려한 정원을 거닐다 보면 영화 속 아이들이 나올 것만 같다. 헬부른 성당을 비롯 알프스 산악지대에 위치한 경치를 감상할 수 있는 이 투어는 대중교통을 이용하지 않고 투어버스로 데려다 주고 설명해 주는 장점이 있지만, 여행기간이 넉넉해야 한다. 뮌헨에 살면서 2년간 10번 잘츠 부르크를 방문했다. 언제 누구와 가도 좋았던 장소이고 여행

자의 성격에 따라 다양한 루트로 여행이 가능하
다. 뮌헨에서 바이에른 기차표로 독일의 경계도
시인 오스트리아 잘츠부르크, 쿠프스타인(티롤)
까지 이용이 가능하다. 독일 바이에른 주를 경제
적으로 다닐 수 있는 기차표인 바이에른 티켓은 5
인까지 저렴하게 이용이 가능하다. 나오는 할슈
타트(Hallstadt) 외에, 쾨니히 제는 내가 가장 좋아
하는 호수이다. 뮌헨을 여행할 때 같이 연결해서
가도 되고, 동유럽 또는 오스트리아 빈을 여행한
다면 추천한다.

2부

어차피 인생이
여행이잖아

뮌헨 행 비행기표와 한 달 거주할 수 있는 숙소. 나의 여행은 이렇게 간단한 준비로 시작되었다. 지인이 하나도 없는 독일로의 출발은 걱정도 되고 두렵기도 했지만 더 늦기 전에 나에게 주고 싶은 기회였다. 독일의 정치가이자 문호인 괴테는 10년간 일에 지쳐 돌연 떠난 '이탈리아 기행'이라는 책에서 이렇게 시작한다. '나는 새벽 3시에 카를스바트를 몰래 빠져나왔다. 그렇게 하지 않으면 사람들이 나를 놓아주지 않을지도 모르기 때문이었다.' 그는 '하던 일을 내려

놓고 떠난 여행이었기에 얻을 수 있었던 결과였다'라고 했다. 여행의 첫번째 조건은 떠나겠다는 간절한 마음이다. 둘째 아들의 고등학교 졸업 즈음 운영하던 영어학원을 은퇴하고, 아들의 대학 입학에 맞춰 일단 비행기표부터 예약했다. 그때 떠나지 않았다면 나에게도 떠나지 못할 다른 이유가 생겼을 수 있다. 지금까지 나의 인생에 가장 잘 한 선택은 뮌헨 행 티켓의 발권이었다.

 뮌헨을 선택한 이유

교육에 관심이 있는 나는 아시아와 미국교육에 익숙하지만 유럽의 교육에 대해 현장 경험이 없는 터라 책과 그림 속에서만 보던 유럽에 대해 직접 확인해 보고 싶었다. 여러나라, 도시를 선택지로 살펴보았다. 50을 바라보는 나이다 보니, 재미 보다는 안전한 도시, 현지어를 잘 못해도 영어가 통하며, 유럽의 전통이 있는 교육 도시를 후보지로 찾았다. 그 중 지리적으로 유럽의 중심에 있으며, 수도는 아니지만 유럽의 전통적인 정서가 있고, 교육과 경제가 발달 되어있는 도시인 뮌헨이 마음을 끌어 당겼다. 뮌헨 도심은 교회보다 높은 건물을 지을 수 없어 6층이상의 건물이 없고, 자부심이 강한 보수적인 도시이다. 뮌헨은 우리에겐 슬프게 생을 마감한 작가 전혜린과 독립 운동을 하다 독일로 망명한 '압록강은 흐른다'의 작가 이미륵이 공부했던 뮌헨대학과, 무려 18명이나 되는 노벨수상자를 배출한 뮌헨공과대학으로 유명하다. 또 BMW, 바이에른뮌헨 축구팀, 옥토버페스트로 알려져 있는 도시이다. 뮌헨 공항은 깔끔하고 군더더기가 없다. 투명한 유리 사이로 출국하는 사람들이 보이지만 입국하는 사람들과 동선이 겹치지 않게 잘 나눠져 있다. 꼭 필요한 안내표지만 있어 많은 글자가 보이지 않아 더 간결하고 눈에 잘 띄었다. 써서 제출해야 하는 입국서류도 없고, 수속 절차도 간단하다. 최종목적지가 어디인지 한번 물어보고 입국도장을 찍어 주었다. 맥주의 나라 답게, 도착하자 마자 맥주 광고가 눈에 들어온다. 많은 여행을 해 보았지만, 혼자 일년을 살겠다고 도착한 공항이라 그런지 기대감과 두려움이 교차한다. 앞으로 나에게 어떤 일이 기다리고 있을까?

뮌헨 도심

나의 첫번째 미션은 인터넷으로 예약한 독일 숙소 찾아가기다. 공항에 내리면 유심을 쉽게 살 수 있으리라 생각했는데 가격도 비싸고 조건도 좋지 않아 일단 택시를 타고 숙소로 가기로 마음먹었다. 조금 불안했지만 500유로짜리 현금과 카드가 있었다. 공항에서 무료 와이파이를 연결해 구글지도로 숙소의 위치를 찾고 택시를 탔다. 지도는 처음 찾을 때만 데이터가 필요하다. 데이터가 없어도 나의 위치만 켜 있으면 지도의 네비게이션이 가능하다. 지금과 같이 데이터로밍을 많이 하지 않던 시기라, 데이터도 되지 않는 전화기를 붙들고 불안한 마음에 차 밖의 풍경을 감상할 여유도 없이 지도를 보며 택시 기사가 잘 가고 있는지 확인하느라 몸은 온통 긴장 상태였다.

드디어 주소지에 도착했다. 택시기사에게 500 유로를 주니 깜짝 놀란 표정으로 잔돈이 없다고 한다. 카드도 안된다고 한다. 첫번째 난관에 부딪혔다. 은행에서 잔돈이 없다고 500유로짜리만 받아왔다. 숙소에서 바꿔 보려고 했으나 내가 도착한 숙소는 호텔이 아니라 문이 잠겨 있고, 사람도 없었다. 독일은 아직도 카드를 받지 않는 곳이 꽤 있다. 유럽 나라 중에 가장 현금을 많이 받는 나라이다. (관광지 식당에서도 현찰만 받는 곳들이 꽤 있으니 현금을 반드시 가지고 있어야 한다). 결국 택시를 다시 타고 은행을 찾아 돌고 돌아 100 유로 지폐로 바꿔 다시 숙소 앞으로 왔다. 택시비도 결국 100 유로를 채웠다. 낯선 나라를 갈때에는 반드시 만원정도의 현금을 준비해 와야 한다는 교훈을 남겼다. (입국장 공항 환전소에서 잔돈을 바꾸거나, 간단한 물건을 사고 잔돈으로 바꾼다).

　외국여행 시 반드시 필요한 사항은 전화기와 데이터이다. 유럽은 관광객이 아주 많은 곳을 빼면 아직도 예전과 같은 방식을 고수하는 곳이 많기 때문에 카페도 와이파이가 안되는 곳이 많다. 다른 나라에 갈때 현지에 외국인이 사용 가능한 유심이 있는지 (요즘은 한국에서 이심을 구매해 설치해 가면 편하다) 또는 최소한 전화기에 로밍 전환이 되는 지, 로밍방법을 확인해 온다. 여행 기간이 일주일이 넘는다면 현지 유심을 사는 편이 절약이다. 외국에 나가 데이터가 없는데 와이파이가 필요하다면 맥도날드나 스타벅스와 같은글로벌 프랜차이즈 또는 쇼핑몰에 가면 무료 와이파이를 쓸 수 있다. 이전 보다는 많이 나아져서 이제는 대 도시에는 시에서 운영하는프리와이파이 존도 늘어나고 있으나 만약의 경우를 대비해 꼭 필요한 경우 사용할 수 있는 데이터 사용법을 익히도록 한다.

　한달간 예약했던 아파트는 잠겨 있고 입구에 쪽지가 붙어 있다. "지금은 근무시간이 아니니, 아래 번호로 전화를 하세요" 돈이 좀 들긴 하지만, 유심을 못 샀으니, 할 수 없이 로밍을 이용해 전화를 했다. 007작전도 아니고 전화를 하니, 한참만에 전화를 받은 직원이 문의 비밀 번호를 알려준다. 안에 들어가니 내 이름이 적힌 쪽지가 있다. 그곳에 키와 여러가지 방을 사용하는 정보들이 적혀 있었다. 다음날 알게 된 사실은, 아파트 로비에는 하루에 한시간 정도만 근무하고 늘 사람이 없다. 처음부터 '우리는 하루에 한시간 밖에 근무하지 않으니, 도착하면 전화를 해야 한다'고 미리 알려 줘야 사람이 당황하지 않았을 텐데. 융통성 없는 사람들 하고 중얼거렸지만 여행은 이런 불편함도 즐겨야 한다. 지나고 나면 모두 이야기 거리가 된다. 우여곡절이 있었지만, 방에 도착하니 안도의 한숨이 나온다. 이렇게 아는 것 없고 별 준비 없던 무모한 나의 좌충우돌 독일 생활은 시작되었다.

방에 짐을 내려 놓고 와이파이부터 연결해 나의 도착 소식을 각지에 있는 가족들에게 전했다, 짐을 대충 풀어 놓고 밖으로 나왔다. 먹을 것도 사야 하고, 해가 지기전에 주변 환경도 살펴보고 싶었다. 독일의 8월은 해가 길어 8시가 되었는데도 환했다. 그런데 두번째 난관에 부딪혔다. 문을 연 곳이 없다. 이리 저리 둘러봐도 동네는 한적하기만 하다. 숙소는 시내 중심에서 트램으로 약 20분 정도 떨어져 있는 곳이었는데 서울에 비하면 오고 가는 사람도 드물고 모든 가게들은 영업이 끝났다. 주택가라 식당도 보이지 않았다. 골목 끝 맥주집이 한군데 보였다. 급한대로 들어가 젤 쉬워 보이는 맥주와 소시지를 시키곤, 더듬거리며 왜 모든 가게가 문을 닫았냐고 식당 종업원에게 물었더니 바이에른 주의 모든 가게는 8시에 닫는다고 한다. 나의 상식으로는 아직해도 있고 어두워진 것도 아닌데 긴 저녁시간에 무엇을 하는지 이해가 잘 되지 않았다. 우리나라에서 흔한 24시간 편의점도 없다. (내가 사는 동안에 중앙역에 밤 12시까지 하는 마트가 생겼다). 유럽에서 가장 열심히 일한다고 알려진 독일인데 8

시가 지나면 슬로우를 지나 모든 것이 멈춰 버렸다.

　불평 대신 독일에 대해 하나씩 알아가는 기쁨으로 여겼다. 독일 사람들은 무심하다. 미국사람들은 다른 사람 집도 세심히 살펴 보다가 이상하면 신고하는데 이곳은 아무도 나에게 관심이 없다. 그러나 내가 길을 물어보거나 약자 같은 모습일 때는 친절하고 자세하게 알려준다. 정확하게 도착할 거 같은 독일 대중교통도 생각보다 엉망으로 올 때가 많고, 전철도 가다가 중간에 분리되어 다른 방향으로 가기도 한다. 조금 한적한 곳, 사람이 많이 가지 않는 곳은 지하철이 나뉘어져 간다. 안내도 독일어로만 하다 보니 잘못하면 엉뚱한 곳으로 갈 수도 있다. 요즘은 번역기도 잘 되니 언어가 안된다고 크게 걱정할 필요는 없다. 독일 사람들은 약자에게 친절해 방향을 몰라 헤매는 것 같으면, 내가 잘못 갈까 계단을 내려갔다 올라가는 일도 마다 않고 자세히 알려준다.

　현지어를 잘 하는 것도 중요한 요소이겠지만, 외국에서 잘 지내는 방법은 주변을 잘 살피는 일이다. 일주일 쯤 지났을 무렵 그동안 눈치 채지 못한 장면이 눈에 들어왔다. 마트에서 사람들이 병을 기계에 집어넣는다. 자세히 쳐다보니, 병을 넣고 쪽지를 받는다. 판트 (Pfand, 재활용병 수거로 돌려주는 돈) 라는 제도였다. 크기와 상관없이 플라스틱 병 하나에 25센트씩 돌려받는다. 유리병도 받지만 값이 좀 싸다. 25센트면 적은 돈은 아니다. 그 쪽지로 물건을 살수도 현금으로 받을 수도 있다. 대부분의 마트에서 가능하고 쓰레기 분리 수거도 만만치 않으니 물건 사러 가는 길에 마트에서 교환하면 된다. 각 나라마다 자기 나라에서 판매한 병만 값을 받을 수 있으므로 국경을 넘으면 적용되지 않는다. 외국에 갔을 때 다른 사람들의 행동을 잘 살피는 일도 재미있고 중요한 공부다.

 하나 둘 즐겁게 배워가는 시간

당황스러웠던 점은 또 있다. 엘리베이터에 닫힘이 없다. 호텔 같이 외국인이 주로 이용하는 곳은 다른나라와 마찬가지로 열림과 닫힘이 모두 있지만, 현지인들이 이용하는 아파트나 건물에는 열림만 있다. 쓸데없이 닫힘을 누르지 말고 기다리라는 뜻이다. 처음에는 너무 답답했는데, 그것도 점점 적응이 되었다. 지하철을 타면 우리는 내리기 전 정거장에서 나가려고 문 쪽으로 간다. 왜냐하면 문 앞에 사람들이 잘 비켜주지 않는다. 그런데 독일 사람들은 밀치지 않고 앞으로 나가지도 않는데 잘 내린다. 사람이 아주 많이 내리는 중앙 역 같은 곳은 내리는 문과 타는 문이 다르다. 들어오고 나가는 사람들이 부딪히지 않으니 역의 혼잡도가 낮아질 수밖에 없다. 나는 멀리서 지하철이 오는 걸 보면 습관적으로 뛴다. 그런데 대체적으로 독일 사람들은 뛰는 사람이 없어 뛰는게 창피해졌다. 독일 사람들의 느긋함은, 아니 유럽 사람들의 느려 보이는 여유로운 생활 방식은 살면서 계속 느끼게 되었지만, 빨리 변하는 아시아에서 온 나와는 달랐다. 느린 것이 좋은 것은 아니지만 내가 얼마나 급하게 살았으며, 그렇게 급하다고 달라지는 것도 없는데 왜 그렇게 바삐, 전투적으로 살았는지 생각해 보는 계기가 되었고, 조금은 느긋하게 조금은 천천히 살아도 된다는 생각을 했다.

넘쳐나는 랜드마크에 가려진 보석과 같은 뮌헨 근교 여행 루트를 공유해 본다.

'슈바빙에서처럼 내가 자유로운 느낌으로 숨을 쉬고 활보할 수 있는 장소는 아마 세계 아무 데도 없을 것 같다.' 전혜린은 그녀의 책 '이 모든 괴로움을 또 다시'에서 언제나 생각나는, 그리고 언제나 그리운 나의 도시라고 뮌헨을 묘사했다. 그녀의 마음이 느껴지고 나도 그렇다. 70여 년 전에도 그랬을까? 과거와 현재가 공존하는 도시, 절제된 아름다움이 느껴지는 볼 것도 많고 즐길 것도 많은 도시이다. 나와 함께 뮌헨을 거닐었던 친구들은 기대치 못한 뮌헨의 매력에 푹 빠졌다. 세계적으로 유명한 에펠탑과 같은 랜드마크는 없지만 둘러보면 옥토버페스트로 알려진 맥주 이외에도 볼거리, 즐길거리가 많다.

나도 뮌헨을 전혜린 만큼 좋아한다. 처음 6개월 정도 지내고 다른 도시로 이동하려고 했으나 지리적으로 다른 도시나 나라로의 이동이 편하고 화려하지 않지만 여러가지 매력으로 마음을 사로잡아 26개월 동아 머물며 여행했다. 유럽의 모습을 잘 간직하고 있는 뮌헨 시내를 즐기는데엔 돈도 들지 않는다. 뮌헨을 가로지르는 아름다운 이자강을 따라 생각 없이 걷는 코스는 나에게 여유와 행복을 선물했다. 걷다보면 내가 뮌헨에서 제일 좋아하는 잉그리시가든의 초입 아이스바흐벨레(Eisbachwelle)에 도착한다. 일년내내 전문 서퍼들이 서핑을 하는 장소이다. 강바닥이 곧고 좁게 설계해 이자강의 유속이 빠른 아이스벨레에선 허락 받

뮌헨 신 시청사

은 전문가들만이 서핑이 가능하다. 바다가 아닌 도심에서 전문 서퍼들이 서핑하는 장면을 나는 다른 곳에서 아직 보지 못했다. 여름에는 가슴 속까지 시원해 지고 겨울에는 추위도 잊게 해준다. 걸어갈 수도 있고 트램이 아이스바흐 벨레 앞까지 간다.

사계절 내내 시원한 서핑을 구경하고 잉글리시 가든 안으로 들어가면 약 9만 m2 의 영국식 도시공원이 펼쳐진다. 경찰들이 말을 타고 순찰한다. 특히 여름에는 자유롭게 누워있거나, 물살을 따라 내려가며 물놀이를 하는 젊은이들, 자전거를 타거나 걷는 사람들의 모습이 너무도 자유로워 보인다.

이곳에서 슈바빙 쪽으로 걸어 나가면 전혜린이 자주 다녔던 식당 제로제를 지나게 된다. 예술가의 거리, 젊은이들의 거리이다. 제로제는 지금은 식당 주인이 바뀌었지만 한국사람들이 전혜린의 얘기를 자주 물어와 들어서 알고 있다고 한다.

걷기만 괜찮다면 전혜린뿐만 아니라 <압록강은 흐른다>의 저자이며 독립운동을 하다 독일로 망명했고 독일고등학교 교과서에 글이 실릴 정도로 글 솜씨가 훌륭한 이미륵이 다녔던 뮌헨 대학교까지 걸어 보자. 대학생들과 예술가들이 모여 살던 동네 답게 아기자기한 작은 식당과 맥주집이 모여 있다.

걷기 싫으면 트램을 타도 된다. 칼스플라츠에서 16번 트램을 타면 좁은 뮌헨 골목길을 지나 아이스바흐벨레를 지나간다. 유럽 시내에서 트램은 구경하기 좋은 교통 수단이다. 트램이 있는 도시를 방문한다면 트램을 타고 동네 한바퀴 돌아 보자. 차가 다니기 힘든 도심 골목을 편하면서도 재밌게 살펴 볼수 있다. 뮌헨에 머무는 날짜만큼 표를 끊으면 경제적이다. 구역이 정해져 있으나 M구간이면 시내 왠만한 곳까지는 모두 이용 가능하다. 2명~5명까지 한 장의 단체권만 끊으면 된다. 시간이 된다면 16번 17번 트램을 타고 시내 반대 방향으로 님펜부르크(Nympenburg schloss) 성까지 가보자. 굳이 성 안을 구경하지 않는 다면 입장료는 없다. 덕수궁처럼 결혼식 촬영을 하는 사람도 자주 볼 수 있다. 님펜

부르크성은 여름 별궁으로, 유럽 특히 독일에 성(castle)이 많기 때문에 특별히 내부에 관심이 있지 않다면 성 안까지 볼 필요는 없다. 봄 가을엔 무료 공연도 한다. 혹시 여행 시기에 공연을 볼수 있는 행운이 주어지길~~

시내부터 관광을 하고 싶다면 지하철 U와 S Bhan 정거장이며 모든 트램이 모이는 칼스프라츠(Karlsplatz)에서 시청이 있는 마리안플라츠로 걸어간다. 여러 관광명소(시청, 레지던츠 박물과, 호프브로이 하우스 외)와 역사적인 교회(프라우엔 교회, 성피터교회, 미카엘 성당 외)가 있다. 마리안 플라츠에서는 일주일에 두번 영어와 스페인어로 무료 가이드 투어가 진행되고 있다. 매일 11시와 12시에 시청의 종탑에서 인형쇼가 진행된다. 그 시간이 되면 모든 관광객들이 종탑을 올려다 본다. 그냥 걷기만 해도 즐겁고 아름다운 거리를 다니다 빅투알렌마켓의 비어가든에서 또 맥주를 마시고 있는 많은 현지인과 관광객을 볼수 있다. 이 곳에서는 바이에른 주의 맥주와 현지인들이 만들어서 파는 음식, 산지에서 직접 가져와서 파는 농산물 재래시장이 있다. 농산품들은 마트 보다는 조금 더 비싸다. 500년이 넘는 역사를 자랑하는 호프브로이 하우스 안은 흥겨운 음악과 사람들의 소리로 언제나 시끌 벅적해 한바퀴 돌아 보고 맥주를 마셔도 되지만, 날씨가 좋다면 빅투알렌 마켓을 추천하고 싶다. 이 외에도 바이에른 주의 제일 유명한 맥주집들이 시청 근처에 모여 있다. 규모가 모두 어마 어마 하게 크다. 뮌헨에 머무는 날이 몇일 된다면 취향에 따라 좋아하는 맥주 회사의 브로이하우스를 찾아가 보는 것도 재미있는 관광이 될 듯하다. 호프 브로이는 옥토버페스트가 아니여도 흥을 돋구는 음악을 연주해 전통을 자랑하며, 관광객들을 유혹한다.

빅투알렌 마켓

미술 작품을 시대 순으로 정리해 건축한 피나코텍에서

저렴하게 유럽의 미술을 감상할 수 있다. 칼스플라츠에서 트램으로 4정거장, 걸어서 20분 정도 밖에 걸리지 않는 알테, 노이에, 모더르네 미술관.(고대, 근대, 현대 미술관) 휴관 날을 체크해야 하며 일요일에는 1유로에 관람 할 수 있다. 시대 순으로 나누어진 미술관은 알테에는 중세시대의 그림이, 노이에 미술관에는 유명한 고흐의 해바라기 그림을 비롯해 우리가 좋아하는 인상파 화가들의 그림이 있다.

뮌헨에 숙소를 정할 때엔 중앙역 근처는 관광객들이 많다 보니 가장 복잡하다는 점을 고려하자. 관광객이 많은 곳에는 여러 부류의 사람이 있으므로 조심하는 편이 좋다. 터키사람들이 운영하는 식품점이 많으며 중동음식을 비롯해 다양한 식당이 있다. 뮌헨은 대중교통이 잘 발달 되어있으므로 지하철(S 나 U 노선)이나 트램이 연결된 곳에 숙소가 있다면 어디든 불편하지 않다. (지하철은 거리에 따라 표를 사는데 M 구간 내 위치가 좋다).

전세계적으로 유명한 Aldi 나 Ridl 마트는 물건을 대량 판매하고 소량 또는 간단한 의약품은 Rossmann 이나 DM 에서 구입이 가능하다. 독일에는 다양한 차(tea)가 많다. 특히 감기, 소화불량과 같이 아플 때 마시는 차도 있고 배아플 때 잠잘때와 같이 수십 종류의 차가 있다.(의사들도 아플때 차를 마시고 쉬라고 권한다). Rossmann 과 DM 에서 차 뿐만아니라 우리나라 사람들이 좋아하는 다양한 제품을 구입할 수 있다. 전문 약품은 Apotheke (약국) 에서 구입이 가능하다. 사진 DM 마트 카트에 루페(돋보기)가 달려 있어 나이든 사람을 배려 한다.

뮌헨은 BMW의 고향이다. 벤츠의 고향은 뮌헨에서 3시간 거리의 스투트 가르트이고 Audi의 고향 역시 뮌헨에서 1시간 반 거리로 아우디 포럼(박물관)이 있다. 자동차를 좋아한다면 뮌헨에 있는 BMW 박물관과 BMW 벨트(Welt)를 방문해 보고, 과학을 좋아한다면 국립독일박물관, 축구를 좋아한다면 알리안츠아레나 경기장 투어나 경기 관람을 그 외에도 다양한 테마의 즐길 거리를 찾아본다. 만약 가족이나 친구와 취향이 다르다면 하루나 반나절 헤어져서 각자 보고 싶은 것을 보고 만나도 좋다. 꼭 같이 다녀야 한다는 편견을 버리면 각자 좋아하는 것을 즐길 수 있다.

뮌헨공항 근처 물이 좋아 맥주로 유명한 에어딩 지역에 온천이 있다. 독일 스위스 이태리에서 Therma라고 하면 온천을 뜻하며 온천이 꽤 있다. 뮌헨 공항 도착하거나 떠나기 전에 시간이 된다면 피로도 풀고 놀이기구, 파도풀 외에도 야외 온천으로 스파와 워터파크를 겸한곳이다. 우리나라에선 수영장이나 목욕탕에서 금지된 맥주나 칵테일을 즐길 수도 있다. 추운 겨울 야외 온천은 언제나 매력적이다. 석고팩과 같은 무료 팩 제공 등 다양한 프로그램이 시간대 별로 제공된다. 한국의 온천처럼 물이 뜨겁지는 않지만 물도 좋고 우리 나라 목욕탕과는 다른 온천수로 운영되는 수영장이다. 한 겨울 눈이 펑펑 쏟아질 때 야외 온천욕은 특별한 재미를 더한다. 호텔도 함께 운영한다. 주의해야 할 점은 수영장과 Sauna 로 나뉘는데 우리가 생각하는 온천은 수영장이고 Sauna 는 모두 노패브릭존. 이라 수건을 몸에 두르는 것도 안된다. 일반 사우나로 알고 갔다가 놀라고 나오는 수가 있으니 확인하고 들어가야 한다.

2) 뮌헨과 함께 하면 좋은 근교 루트

❶ 표현주의 화가들이 모여 살았던 아름다운 도시 무르나우 암스타펠제(Murnau am Stafelsee)

뮌헨에서 차로 40~50분이면 도착하는 곳, 뮌헨 중앙역에서 지역기차로도 갈 수 있다. 바실리 칸딘스키와 그의 여자 친구 가브리엘 뮌터 외에 청기사파 표현주의 화가들이 모여 함께 놀고, 이야기하고, 연주하며 그림을 그리던 조용한 도시 무르나우에 가면 생동감이 넘치는 말 그림으로 유명한 프란츠 마르크와 청기사파 그림을 볼 수 있다. 미술관은 숲 속 언덕위에 자리 잡고 있어서 카페에서 내려다 보는 뷰가 마치 그림과 같다. 20분 거리 가브리엘 뮌터와 칸딘스키가 살았던 집이 있고

무르나우 옛도시를 한바퀴 돌고 코헬 호수가에서
맥주를 한잔 한다면 반나절 또는 하루 코스의 여
행이 된다. 무르나우에 다녀온 후 뮌헨의 렌바흐
뮤지엄에 가면 더 많은 청기사파와 표현주의 작품
을 볼 수 있고 그들의 작품과 조금 더 친해진다. 색
채 자체의 본성과 효과를 표현하고자 해 파란색을
비롯 다양한 색의 향연을 펼친 청기사파화가들의
활동과 그림을 보고 이해 할 수 있는 기회를 그들
의 본고장인 뮌헨에서 느껴본다.

성 (Castle) 투어

독일에 12000 여개의 성 (Castle) 이 있다고 한다. 그 많은 성 중에 뮌헨 열 손가락 안에 드는 성이 여럿이다. 천재인가 미치광이인가. 자살을 했는지 살해 당했는지 아직도 사인이 명확히 밝혀지지 않은 루드비히왕이 만든 3대 성 (휘센의 노이슈반스타인성, 린더호프성, 헤렌킴제) 이 있다. 이 3대성은 산 속에 둘러 싸였거나, 섬이거나 위치만 가 보아도 감탄이 절로 나온다. 디즈니의 모토가 된 노이슈반스타인 성은 산속에 우뚝 서 있어 퓌센의 어느 지역에서도 그 모습을 볼 수 있다. 뮌헨을 방문하는 사람들이 가장 많이 찾는 인기 여행지이다. 대중교통으로 이동이 가능하다.

루드비히 2세가 만든 노이슈반스타인성 (Neuschwanstein castle) 과 아버지 성 (Castle) 인 호엔스반가우성 (Hohenschwangau castle) 성은 각각 가이드 투어로만 갈 수 있고 최소 3일전만 예약이 가능하다. 반드시 예약을 하고 가기를 추천한다. 예약을 하지 않으면 가서 오래 기다려야 하고 마감되어 보지 못 할 수 있다. 영어와 스페인어 가이드 투어가 15분 마다 진행된다. (예약 할 수 있는 사이트 https://www.neuschwanstein.de) 디즈니의 모티브가 된 노이슈반스타인성은 다른 어느 곳의 성과 비교할 수 없게 웅장하고 현실성이 떨어지는 곳에 위치해 있다. 4계절 변하는 주변 경치덕에 일년열두달 관광객으로 붐빈다. 겨울 시즌은 운영시간이 짧아 시간을 체크해야 한다. 교통: 바이에른 지역열차를 타고 퓌센역에서 버스로 이동한다. (바이에른티켓을 구매한다)

로코코 양식의 성으로 루드비히 2세가 가장 오래 머물렀고 유일하게 살아 생전에 완성한 성인 린더우 호프 성 루드비히의 방안에서는 이탈리아, 프랑스, 영국의 대표적인 성 양식을 총집대성해 꾸며 놓은 아름다운 정원을 한 눈에 내려다 볼 수 있다. 대중교통으로 가기에는 시간이 너무 길고 갈아 타야 한다. 차가 있고 시간의 여유가 된다면 꼭 한번 방문해 보기를 추천한다.

노이슈반스타인성

린더호프성

3) 알프스에 자리 잡은 가장 아름다운 호수가 있는 마을
베르히테스 가든

❶ 쾨니히제와 히틀러 별장

나에게 뮌헨 근처 꼭 한 곳을 꼽으라고 하면 당
연히 쾨니히제를 선택한다. 성(Castle) 말고도 호
수는 또 얼마나 많을까? 자연에 순위를 매기는 일
은 불가능하지만 그래도 호수 중에 아름다운 호수
하면 누구나 가본 사람은 쾨니히제를 떠 올릴 것
이다. 쾨니히제는 배를 타고 들어가다 중간 쯤 가
이드가 트럼펫 연주를 한다. 쾨니히제는 산 속에

옴팍 파묻혀 있기 때문에 트럼펫의 메아리가 돌아온다. 아쉬운 점은 독일어 가이드만 있다는 점이다. 배를 타고 성바르톨로매오와 잘렛 두 곳을 선택해서 갈 수 있다. 당연히 두 곳 모두 가야 한다. 성바르톨로메오에서는 눈 덮힌 바츠만산을 정면으로 바라 볼 수 있다. 두번째 도착지 잘렛에서 20여분 하이킹하면 또 다른 자그마한 산속에 갇힌 호수가 나온다. 산이 호수에 비쳐 또 다른 그림을 만든다. 자연의 깨끗함이 마음의 평화를 가져다 준다. 섬에서 숙박은 할 수 없기 때문에 하이킹할 때 마지막 배의 시간을 잘 확인한다. 동절기와 하절기의 운영시간도 체크한다. 쾨니히제를 위에서

내려다 볼수 있는 곳도 있다.

1939년 히틀러의 50번째 생일을 기념하여 국가가 지어 선물한 해발 6000피트 (1829m) 에 지은 독수리 요새라고 하는 켈 스타인 (Kehlstein)은 직접 차로 갈 수 없고 전용버스를 타고 가야만 한다. 전용 버스로 꼬불 꼬불 산길을 올라 켈스타인을 갈 수 있는 엘리베이터 타는 곳 까지 가는데 124m 의 수직갱도를 뚫어 설치했다고 한다. 정작 히틀러는 고소공포증이 있어 채 10번도 오지 않았고 히틀러의 마지막 여인 에바브라운이 더 좋아했다고 한다. 열흘 사이로 두번 방문을 했는데 한번은 눈이 내려서 걷기도 힘든 겨울이였지만 두번째 방문시에는 완벽한 봄날씨에 눈덮인 설산 아래로보이는 쾨니히제의 모습은 한폭의 그림 같았다. 1시간 정도의 등산 후에 1834미터 산 아래 호수를 내려다 보며 맥주의 나라 답게 이 곳 정상에서도 맥주 한 잔 하며 역사의 한 장면을 상상해 본다.

베르히테스가든은 오스트리아 국경과 맞닿아 있어 뮌헨에서 출발하는 것 보다 잘츠부르크에서 더 가깝다. 쾨니히제 호수 앞의 호텔들은 외져 대중교통을 이용할 땐 베르히테스 가든기차역 근처에서 묵거나 잘츠부르크로 이동해 숙박을 했다. 차가 있을 경우 오스트리아 잘츠부르크 가는 방향으로 아름다운 계곡이 있어 작은 펜션이 많다. 내가 묵었던 베르그바흐 숙소는 작고 가격도 착하지만 조식도 훌륭했다. (숙소명 베르그바흐). 호텔이라고 하기엔 작은 숙소는 근처에 빔바흐라는 폭포가 있다. 산을 10여분 올라가면 하늘색 물감을 풀어 놓은 듯한 폭포의 물줄기가 심장 속 까지 시원하다. 시간의 여유가 있다면 방문을 추천한다. 우리일행은 오후 늦게 도착해 짐을 풀고 다음날 아침 일찍 운동 겸 폭포를 방문했는데 호수 가기 전 입장할 수 있는 코인교환 자판기를 이용해 코인을 바꾼다. 동전이 없으면 들어갈 수 없으니 꼭 입구에서 무인 자판기를 통해 표를 사야한다. 우리는 점심 쯤 모짜르트의 고향 잘츠 부르크로 향했다. 잘츠부르크도 볼거리가 많은 곳이지만 나의 시간과 나의 걸음 속도, 취향에 따라 반나절 또는 일박 이일 코스도 가능하다. 마을 초입 사랑의 자물쇠가 잔뜩 달린 마크르타 다리에서 올려다보는 호엔잘츠부르크 성과 올라가서 내려다 보이는 잘츠부르크의 경치는 중세의 웅장함을 다른 각도로 느끼게 한다. 사운드오브 뮤직의 촬영지인 미라벨 정원을 들러 모짜르트 생가를 지나면 카라얀의 집을 지나고, 그 옆 자허 토르테(초코렛케익)으로 유명한 자허호텔의 카페에서 우리가 비엔나 커피라고 하는 아인 스페너나 멜랑쥬 커피를 한잔을 하는 여유를 가져 보자. 헬부른 궁전, 운터스베르크 산 등 많은 곳을 빠르게 보고 싶다면 잘츠부르크 카드를 구입한다. 그러나 서서히 잘츠부르크를 돌아 보려면 잘츠 부르크 카드를 구입하지 않는 편이 낫다. 7.8월에 잘츠부르크를 방문하는 사람은 잘츠 부르크 페스티벌 기간을 확인 하고 세계적으로 유명한 오케스트라와 지휘자, 연주자, 성악가들이 모여 연극, 오페라, 관현악, 실내악 공연을 펼쳐 보이는 종합 예술 축제를 즐겨 보기 바란다. 축제 기간 동안 대축제극장(Großes Festspielhaus), 대성당 앞 광장(Domplatz), 모차르트 하우스 (Haus für Mozart), 암벽을 파서 만든 공연장 펠젠라이트슐레(Felsenreitschule) 등 잘츠부르크 시내 전역에서 200여 회의 음악회가 열린다.

잘츠부르크 미라벨정원

할슈타트는 소금광산과 아름다운 호수가 있는 마을이다. 쾨니히제는 산과 호수가 매력적이라면 할슈타트는 산과 호수가 있는 마을이 사진을 찍으면 잘 나오는 곳으로 유명하다. 한 곳만 꼽으라고 하면 나는 베르히테스 가든 쪽을 택한다. 잘츠캄머구트는 잘츠부르크 근처 산과 호수가 있는 동화와 같은 마을 일대를 아우르며 물가가 다소 비싼 편이다. 근처 소금광산이 있어 직접 체험해 볼수 있다. 잘츠는 독일어로 소금이라는 뜻이다. 대중교통을 이용하면 시간이 많이 걸린다.

1) 독일의 최고봉 알프스 츄크스피체 와 아이브제

뮌헨 중앙역에서 바이에른티켓으로 올 수 있는 가르미슈 파르텐 키르헨은 겨울엔 스키, 여름엔 하이킹을 즐길 수 있는 휴양도시이다. 당일 여행 보다는 최소 일박 여행을 추천한다. 산악 열차를 타고 아이브제에서 케이블 카로 만년설을 볼 수 있는 독일의 알프스 최고봉 츄크스피체에 갈 수 있다. 알프스하면 우리는 보통 스위스를 떠올리지만 알프스는 이태리, 오스트리아 독일과 국경을 같이 한다. 케이블카가 잘 연결되어 운이 좋아 날씨가 맑다면 정상에서 알프스를 내려다 볼 수 있다. 고도 973m 에 만년설이 녹아 만든 아이브제 호수는 산 중턱에 자리잡은 아름다운 호수로 주변을 하이킹 할 수 있다. 아이브제 호텔은 그 호수를 배경으로 사우나와 수영을 할 수 있는 고급 호텔이지만, 몇 달 전에 일찍 예약한다면 아주 저렴한 가격에 코스 저녁 요리까지 먹을 수 있다. 친구가 승진을 했다고 한턱 단단히 쏜 덕분에 아이브제에서 행복한 하루를 경험했다. 단 독일의 사우나가 노 패브릭 (사우나 내에서 가운을 걸치면 안되는 혼탕) 이라는 점은 숙지해야 한다. https://www.eibsee-hotel.de 한번쯤 이런 호텔에서 호사를 누려 보는 것도 유럽을 경험하는 방법이다. 호텔사이트에서 직접, 일찍 예약한다면 대폭 할인된 가격으로 예약이 가능하다.

가르미슈 파르텐 외에도 오스트리아와 독일을 연결하는 알프스인 티롤지역은 요들송의 근원지로 크고 작게 솟아있는 산봉우리들, 거대한 빙하가 만든 협곡과 호수들로 자연을 만끽할 수 있고 독일의 기차 표 바이에른 카드로 저렴하게 다녀올 수 있다.

2) 로맨틱가도

뉘른베르크, 밤베르크, 뷔르츠 부르크, 로텐 부르크와 같이 요새와 로마시대의 길로 이어지는 마을이 퓌센에서부터 북쪽으로 연결되어 있다. 당일치기로 다녀올 수 있는 지역도 있고 로멘틱가도 버스가 있어서 내렸다 탔다 할 수도 있다. 뉘른베르크소세지가 유명한 나치의 도시이기도 했던 뉘른베르크는 중세의 유명한 화가 알프레히드 뒤러의 생가가 박물관으로 운영 중이다. 뮌헨에서 당일치기로 한 마을을 다녀오거나 중간의 마을에서 하루 자면서 마을을 두 세 곳 들러 보는 여행을 해도 좋다.

로텐부르크 애니메이션 하울의 성과 디즈니영화 피노키오의 배경 장소

3) 아우토반(Autobahn)-독일의 고속도로

운전을 할 수 있고 좋아하는 사람이라면 하루 이틀이라도 차를 빌려 독일의 아우토반 달려보자. 독일의 고속도로를 아우토반이라고 부르며 시속제한이 있는 곳을 제외하면 모두 무제한이다. 시속 150 키로 정도로 달린다면 2차선으로 달려야 한다. 벤츠, BMW, Audi 를 일찍 예약한다면 우리나라 아반떼 가격으로 렌트가 가능하다. 개다가 독일은 톨비도 없고 국경 통과비용도 없다. 뮌헨에서 남쪽으로 달리면 알프스를 향해 호수가의 아름다운 중세도시를 만난다. 날씨가 좋다면 호수 건너 알프스가 병풍이 되어 시선을 유혹한다. 한국에서 해 볼 수 없는 경험을 해 보는 것이 여행의 멋이 아닐까? 특히 BMW 를 예약 하고 싶다면 Sixt 렌터카 회사를 추천한다.

　　이 외에도 안덱스 맥주로 유명한 안덱스 수도원도 방문
해 볼 만 하다. 뮌헨에서 전철과 버스로 한시간 가량이면 도
착하고, 수도사들이 직접 만든 맥주를 맛 볼수 있고 학센과
브렛젤이 맛있기로 유명하다. 경치는 덤으로 주변에 암머
제(Ammersee)와 스탄베르그제 (Starnbergsee)와 같은 호수
도 볼수 있다.

안덱스 수도원

1) 괴테가 반한 가르다 호수(Lake Garda)

쾨니히제가 아름답고 고요한 산 속의 호수라면 가르다 호수는 신비로움, 멋과 치유의 호수라고 표현하고 싶다. 아시아 사람들에게 아직 많이 알려지지 않았지만, 세계 유명한 셀럽들이 별장을 가지고 휴양을 즐기는 지역이다. 370 제곱미터로 웅장한 알프스의 절벽 사이에 고대 빙하기의 빙하가 녹아내려 만들어진 바다만큼 넓고 아주 맑은 옥색을 띤 오묘한 빛깔의 호수는 신비스럽다는 말 외에 표현하기가 어렵다. 현지인에게 가르다 호수 중 어디를 가면 좋겠냐고 우문을 던졌다. 모든 곳이 다 좋다는 대답과 함께 시간이 없다면 시르모네를 추천 받았다. 시르모네 안으로 차를 가져갈 수 없다. 입구에 주차를 하고 걸어들어가면 13세기 축조된 스칼리제르성(The Scaliger Castle) 이 우리를 맞는다. 이 성을 배경으로 사진을 찍으면 어디나 화보다. 우리는 성 밖에서 10유로로 시르모네 섬을 한 바퀴 돌아 주는 보트를 타고 시르모네에 대한 소개를 들었다. 시르모네 호수 아래에는 온천이 있고 섬 안에는 이 온천수를 이용할 수 있는 호텔들이 있지만 가격이 상당히 비싸다. 호수 아래 온천이라니. 걸어서 섬을 한바퀴 돌아 보면 오리와 함께 수영하는 사람, 온천물이 지나가는 곳에서 온천욕을 하는 사람. 각자의 취향대로 호수를 즐긴다. 일년 열두 달 온화한 날씨 덕에 레몬 경작이 잘되어 곳곳에서 레몬으로 만든 상품을 판다. (온천은 신체에 대한 진통 및 강장제 효과로 유명하다. 시르미오네에는 브롬, 요오드, 나트륨 염의 함량이 높은 것으로 알려진 보욜라의 치유 샘이 있다)

하루만에 아름다운 가르다 호수를 차로 한 바

퀴 도는 것은 불가능 하다. 가르다 호수를 중심으로 나는 Desenzano, Salo, Malcesine 등 여러 마을을 방문해 보았는데 모두 다 다른 매력이 있다. Malcesine 에는 발도산(Monte Baldo) 로 가는 케이블카를 탈 수 있다. 산 정상에 올라가 가르다 호수

를 한 눈에 내려 볼수 있으며 풀을 뜯는 라마와 소도 볼수 있다. 미국에 있는 Lake Taho (496.2 km²), 중국의 태호(2250km²) 같은 큰 호수를 방문해 보았지만, 그 크기를 빼면 가르다 호수 만큼 아기자기하고 예쁜 호수는 없었다. 자연을 순위를 매기기는 불가능하지만, 가르다호수에 오면 호수의 아름다움과 신비함 뿐만 아니라 아기자기한 예쁜 마을로 연결되어 있고 성 (Castle) 과 맛있는 이태리 음식 그리고 저마다의 매력으로 손님을 유혹하는 상점이 오감을 자극한다.

2) 로미오와 줄리엣의 도시 베로나(Verona)

가르다 호수를 방문하면 차로 30분 거리의 사랑과 남만의 고대 도시 베로나를 함께 여행해보자. 고대 로마 유적의 원형 경기장 (Arena) 에서 최초 오페라가 시작했고 7,8월에 오페라를 공연을 관람하기위해 전세계에서 몰려든다. 1913년 이탈리아의 작곡가 주세페 베르디 탄생 100주년을 기리기 위해 처음 개최된 공연이 100년을 넘게 전통을 이어오고 있다. 오페라 값은 25유로부터 200유로가 넘는 곳 까지 자리별로 다양하다. 2만여명의 관중석을 거의 메운 원형 경기장에는 마이크 없이 야외공연을 진행한다. 고대 로마시대 만들어진 원형경기장의 설계를 보면서 그 시대 사람들의 지혜가 놀랍기만 하다.

비극적 사랑의 이야기 로미오와 쥴리엣의 배경이 된 도시 베로나. 쥴리엣 하우스는 베로나에서 가장 유명한 관광지가 되었다. 사람들은 그만큼 스토리에 열광하는 듯 하다. 14세기에 지어진 로미오와 쥴리엣이 사랑을 속삭이던 발코니 아래로 쥴리엣의 동상이 보인다. 관광객들은 저마다 로미오와 쥴리엣의 스토리 어느 한 부분이라도 공감하고 싶어한다. 오페라 시작시간 전까지 베로나의 아기자기한 골목들을 돌아보다 에르베 광장에 다다르면 광장 중앙에 여러가지 물건을 파는 시장이 있다. 9시 정도에 시작하는 공연이 끝나는 시간은 거의 새벽 1시쯤. 그 시간에 우리나라 같으면 술을 팔텐데 젤라또가게에서 아이스크림을 판다. 이태리 사람들의 젤라또(아이스크림) 사랑은 끝이 없다. 공연장 근처는 주차 하기 어려워 대부분의 호텔들이 셔틀을 운영한다. 베로나 근처에 호텔을 예약할 때엔 공연 후 걸어갈 수 있는지 아니면 셔틀을 운영하는 지 꼭 확인해야 한다. 아름다운 알프스와 그 산에서 녹은 빙하가 만든 호수, 그리고 한 여름 밤의 100년 전통의 오페라. 이 정도면 꼭 한번은 가보고 싶은 이유가 충분하지 않을까?

3) 이태리의 알프스 돌로미테

2009년 유네스코 세계 유산으로 지정 되었다. 산이나 자

베로나 줄리엣 하우스

연을 좋아하는 사람 또는 걷기를 좋아하는 사람은 꼭 한번 가 보는 장소로 알프스는 웅장한 절벽과 뾰족한 봉우리, 넓은 고산 초원이 어우러져 장엄하면서도 섬세한 풍경을 만들어낸다. 이태리 돌로미테는 4계절 하이킹을 하며 휴양을 할 수 있는 곳부터 여름 두세 달만 산장을 운영하는 코로티나 담배초 지역까지 다양한 아름다움과 즐길거리로 가득 차 있다. 한국에 서서히 알려지기 시작한 여행 코스로 여행사를 이용하면 상당히 비싸지만, 실제로 여행경비가 많이 들 이유가 없고, 어렵지 않으니 친구들과 또는 가족끼리 자유 여행으로 떠나 보길 권한다.

돌로미테는 높이가 3,000m 이상인 봉우리가 18개 있고 총 면적은 141,903ha인 광대한 산맥이다. 친구들과 함께 차를 렌트 해 여행하면 비용도 절약 할 수 있다. 스키, 산악등반도 가능하겠지만 케이블카도 잘 되어 있어서 하이킹 코스가 훌륭하고 일반인도 두 다리만 있으면 다채롭고 아름다운 알프스를 즐길 수 있다. 북부 돌로미테를 도는 일주일짜리 트레킹 코스는 고대 로마의 언어와 전통이 강하게 남은 라딘 지역 발 가르데나(Val Grrdena)에서 시작해 프라토 피아자 (Prato Piazza)의 광대한 초지를 거쳐 돌로미테에서 가장 아름다운 바위산 트레 치메 디 라바레도 (Tre Cime di Lavaredo)에서 끝이 나는 70킬로미터의 길이다.

돌로미테 여행을 계획하면서 자료조사에 어려움이 많았다. 8년 전이라 아직 한국 사람들이 많이 여행하던 지역이

아니였기 때문에 어느 곳을 주로 가는지, 장소가 어떤지에 대한 글이 없었다. 구글 지도를 확대해 보면 케이블카카 연결 된 몇 주요지점이 있다. 그 지역을 중심으로 계획을 세웠다. 나의 여행은 Val Gardena 중심마을인 오르티세이 지역에서 출발했다. 서쪽은 휴양지 분위기라 일년 열두달 운영되는 마을에서 바로 고산 초원까지 이동이 가능한 케이블카가 연결되어 있다. 난이도가 높지 않아 누구나 하이킹이 가능하다. 동쪽지역은 높은 봉우리와 거칠고 드라마틱한 산세를 보여준다. 산악지형이 비교적 험난하고 높아 여름에만 운영하는 지역이 많다. 코르티나 담배초 지역에 산장에서 숙박을 하고 하이킹 일정은 마칠 계획이다. 산의 분위기가 서쪽에서 동쪽으로 오면서 같은 산이라고 보이지 않게 변화가 다채롭다. 산장은 여행을 계획한다면 바로 숙소를 예약해야 한다. 아우론조 산장은 2300 미터에 위치한 차로 갈 수 있는 유일한 산장이다. 예약 방법은 인터넷 사이트

의 이메일 주소로 내가 원하는 날짜와 방을 예약 할 수 있다. 어렵게 생각하지 말자. 영어가 어렵다면 주변의 약간의 도움을 받거나 번역기를 이용해서 예약한다. 나는 60유로에 아침과 저녁이 포함된 Half pension 을 예약했다. 위치를 고려해 본다면 2인실에 식사까지 훌륭한 가격이다. 산장에서 샤워를 하려면 별도로 동전을 넣어야 한다. 일반적인 유럽의 산장들이 거의 비슷하다. 서쪽의 돌로미테는 정적이며 부드럽다면 동쪽으로 갈수록 산세도 험하고 웅장하다. 산장에서 숙박을 한다면 주변에 다른 숙소가 없어 불빛이 없기 때문에 흐린 날만 아니면 상상할 수 없을 정도의 쏟아지는 별을 감상 할수있다.

독일 뮌헨에서 볼차노 오르티세이 지역까지 자동차로 3시간 정도 걸리고 이태리 Milano 에서 차를 렌트해서 운전해도 3시간 30분 정도 소요된다. 밀라노에서 베로나도 1시간 50분 정도 걸리니 시간이 허락한다면 돌로미테 여행을 마치고 아름다운 가르다 호수와 베로나를 들려 뜨거운 이태리의 여름도 느껴보면 좋겠다. 베니스를 가보지 않았다면 서쪽부터 동쪽으로 이동해 베니스에서 여행을 마무리해도 된다. 한국에서 올 경우 밀라노 IN 베니스 OUT으로도 가능하다. 모두 다 볼 수는 없고 동선을 고려해 더하고 빼 보도록 한다.

오르티세이 지역에서 숙박을 하며 몽쉐익, 발 가르데나, 몬테 파나, 세체다, 파소 가르데나를 여행하였고, 아우론조 산장에 묵으며 코르티나 담페초 지역의 트레치메를 방문했다. 말로는 형용하기 힘든 돌로미테의 순수한 아름다움을 직접 느껴 보는 기회가 있길 바란다.

산장 예약 하는 곳: http://www.rifugioauronzo.it/

볼
차
노

기원전 3000년 전부터 최초 유럽 문명인 미노아 문명의 발상지이자 그리스에서는 제일 크고 지중해에서도 5번째로 큰 섬이다. 3곳의 공항이 있고 산, 협곡, 강이 많이 발달해 있고 동서로 길게 뻗은 모양을 하고 있는 가장 인기 있는 휴양지이다. 볼 것, 할 것, 먹을 것, 배울 것으로 가득 차 있다. 가족이나 친구와 여유롭게 가기에 완벽한 여행지다.

'그리스인 조로바'의 저자 니코스 카잔자키스의 고향이자 무덤이 있고, 신들의 왕인 제우스의 고향이기도 하다. 카잔자키스의 나무 십자가 아래 있는 낮은 묘비에는 그리스어로 '나는 아무것도 바라지 않는다, 나는 아무것도 두려워하지 않는다. 그러므로 나는 자유다'라고 씌어 있다. 많은 사람들이 묘지를 방문해 묘비에 새긴 글을 낭독해 본다.

✈ 다양한 해변

크레타의 해변은 신기하다. 바다가 모두 다르지만 한결같은 건 투명하리 만큼 깨끗하고 물이 맑다. 고운 모래사장, 자갈돌이 있는 바다, 그 바다에서 할 수 있는 활동도 다르고 다양하다. 아래에 다녀왔던 곳 위주로 정리해 본다.

물감을 풀어 놓은 듯한 엘라포니시 비치, 하니아의 옛 베네치아 항구, 나병환자의 수용소였던 스피나롱가 섬은 (자갈돌 해변 Plaka Beach) 에서 배로 들어가는 크레타에서 크노소

스 궁전 다음으로 많이 방문하는 유적지이다. 또 카바나 마레 비치는 가족과 함께 즐기기 좋고 하니아 항구는 해변 호텔과 맛있는 식당이 많고 배를 타고 스노클링 할 수 있는 곳과 박물관도 있다.

이 외에도 4면이 바다이기 때문에 차를 타고 들러 볼 만한 해변은 셀 수 없이 많다. 서쪽 끝에 자리 잡은 핑크비치라고도 불리는 엘라포니시 비치는 크레타 사람들도 하나만 꼽으라고 하면 주로 선택하는 바다로 색은 예쁜 분홍 물감을 맑게 섞어 놓은 듯 오묘하였고 깊이도 얕은 곳부터 깊은 곳 까지 완만하고 다양해 초보자도 서핑을 배울 수 있다. 그늘이 있는 좋은 자리를 차지 하기 위해서는 아침 일찍 서둘러 가야만 한다. 수 많은 사람이 방문하는데 물은 신기하리만큼 깨끗하고 파도는 잔잔해서 어린 아이부터 어른까지 모두 즐길 수 있다.

하니아 항구에도 볼거리, 놀거리가 하나 가득이다. 15유로 정도면 배를 타고 나가 다이버가 밀가루로 물고기 밥을 만들어서 잠수한다. 고객도 원하면 같이 물속에 들어갈 수 있다. 물 속에 들어가지 못했지만 투명하리 만큼 맑은 바닷물 속에 떼지어 몰려드는 어마어마한 수의 물고기를 보는 것만으로도 신기했다. 주변에 박물관, 역사적인 등대, 길거리 쇼핑 등 아름다움과 재미를 동시에 갖고 있는 장소이다. 우리는 하니아 공항을 통해 OUT했기 때문에 비행기 탑승

전 여유시간에 하니아 항구 주변을 둘러보았다.

동쪽 끝에 있는 플라카 비치에서는 배를 타고 스피나롱가 섬으로 들어갈 수 있다. 좁은 해안선을 따라 가야 하므로 오전에 가기를 권한다. 크레타 섬의 해변에서는 서핑, 제트스키와 같은 다양한 액티비티를 즐길 수 있다. 어떤 바다는 잔잔하고, 파도가 거센 바다도 있다. 고운 모래가 있는가 하면 다채로운 자갈로 이루어진 해변도 있고, 성이 있는 해변도 있다. 먹을 것도 다양한 크레타에서 일주일은 너무 짧다.

 백투베이직 에코하우스

우리의 특별한 경험은 고립된 산 꼭대기에 자리한 17세기의 건물을 그대로 사용한 돌로 건축된 에코하우스 Milia Mountain Retreat 숙소였다. 이곳 에코롯지는 환경을 뜻하는 에코와 숙소라는 뜻의 롯지 (Lodge) 가 합쳐져서 생긴 말로 대부분 지역사회에서 운영되고 자연과 환경을 보호하는 숙소를 말한다. 숙소를 찾아 가는 길은 험난했다. 숙소에서 몇시에 도착할 지 몇번을 물어보고, 꼭 해지기 전에 도착해야 하며, 구글지도를 따라 가면 차로 갈수 없는 길로 안내한다고 간판을 보고 오라고 당부 한다. 우리는 약간 늦은 시간에 도착했기 때문에 숙소에서 우리가 도착할 때 까지 계속 확인해 줬다. 꼬불꼬불 산길은 내가 어렸을 때 고향 가던 대관령 길과는 비교도 되지 않는 차 한대 밖에는 갈 수 없는 좁은 산길이었다. 위로 위로 올라가는 길은 험난하지만 '악' 소리가 날 정도로 아름다웠다. 독일 현지 친구에게 소개 받고 온 숙소였는데, 값도 비싸지 않고, 꼭 다시 한 번 방문 하고 싶다.

에코하우스 밀리아

프론트 직원이 한국인은 처음이라며 어떻게 알고 왔냐고 신기해 하며 묻는다. Back to Basic 이 철학인 에코하우스의 방안에는 콘센트가 없다. 핸드폰 충전도 모두 리셉션에서 해야 한다. 잠시 내려놓고 쉴 수 있고 가족끼리 오랫만에 문명으로 부터 벗어나 대화할 수 있는 시간이였다. 직원이 밤에 별똥별을 감상하라고 얘기해 준다. 내가 별똥별을 볼 수 있어? 라고 하니 Sure 하며 얼마나 많이 볼수 있는데 라고 한다. 숙소는 가족별로 한채씩 되어있고, 베란다에 누워서 별을 감상할 수 있는 의자가 놓여있다. 전화기 문자를 보는 빛도 너무 환하게 느껴질 정도로 밤을 오롯이 느낄 수 있고 아름다운 밤하늘, 쏟아지는 별 사이로 지나가는 별똥별을 볼 수 있다. 마치 17세기로 돌아간 기분이 들었다. 아이들도 생전 처음보는 광경에 어린아이처럼 감탄도 하고, 별을 보며 소원도 빌었다.

이 숙소는 쓰러져가는 버려진 17세기의 시골집들을 세 친구가 지역활성화와 환경개조를 위해 기존의 집에 거의 손상을 주지 않고 개조했다. 롯지의 준비 단계부터 환경보호를 우선사항으로 지정해 사냥을 법으로 금지 시키고, 목양에도 규제를 늘려 식사에 사용되는 오가닉 식재료를 재배 할 수 있는 땅을 마련했다. 롯지에서 사용되는 에너지 기술도 태양열 신재생 에너지를 이용한 덕분에 롯지 주변에 전기 전선이나 워터파이프도 찾아 볼수 없다. 롯지와 식당에서 발생하는 하수는 정수되어 주변 숲에 물과 유기비료로 재사용된다. 이 숙소 덕분에 마을의 경기가 살아났다고 한다. 이 곳에서 할 수 있는 일은 오로지 걷고, 먹고, 쉬는 일이다. 숙소가 산 꼭대기라 크레타의 산과 바다를 한 눈에 볼 수 있다. 우리는 이곳에서 이틀동안 쉬며 걸으며 대화하고 힐링했다.

와이파이도 프론트 데스크가 있는 식당에서만 가능하다. 식당은 모두 그 지역에서 난 오가닉 음식이며 외부 방문

객은 예약을 해야만 한다. 어린 자녀와 함께 와도 큰 자연 공부가 될 듯하다. 밀리아에서 제공하는 여러 액티비티도 있고 하이킹도 가능하다. 섬 전체의 1/4 이 올리브 나무가 차지하는 축복받은 땅 크레타를 방문한다면 꼭 한번 묵어보길 추천한다.

크레타섬은 역사적으로, 환경적으로도 방문할 가치가 있는 도시이다. 제주도 4배 이상의 크기인 크레타는 밤에 쏟아지는 별을 관찰하기 산과 맑고 아름다운 바다로 이루어진 휴양지이다.

크게 서쪽의 하니아 지역과 동쪽의 이라클리온 지역으로 나뉜다. 아테네에서 페리로 이동하여 동쪽 이라클리온 지역에 도착해서 차를 렌트해 크노소스궁전, 16세기 베네치아 주민이 세운 로카 마레 요새와 같은 유적지를 경험하고

여행 후반은 서쪽으로 이동해서 하니아 공항에서 비행기로
아웃했다.

 주변 섬 투어.

우리 가족은 산토리니 당일 투어를 조인했다. 남편과 나
는 전에 산토리니 섬 여행을 다녀 온 적이 있지만 아이들이
사진이 예쁘게 나오는 산토리니 여행을 원해 일일 현지 투
어에 조인했다. 6~8월의 산토리니는 11월과 확연히 달랐다.
걷기 힘들정도로 관광객이 많았다.

크레타 섬은 여행 일정에 따라 다양하게 꾸밀 수 있다. 신
화와 역사로 가득하다 보니 고대 박물관도 많고 고대 유적지
도 많다. 그리스인 조로바를 읽거나 영화를 보고 가도 좋을
듯 하다. 신비로운 크레타 섬에 나도 꼭 다시 여행가고 싶다.

최고의 품질을 자랑하는 올리브

세계에서 가장 오래된 올리브 나무를 가지고 있는 크레
타 섬(부베스마을). 2000년이 지나도 크레타는 아직도 전통
적인 농업 방식을 사용하고 화학물질과 비료를 사용하지
않는다고 한다. 그래서 인지 크레타 올리브유는 세계 1위의
품질을 자랑한다. 섬 면적의 1/4을 신과 자연의 축복인 올리
브 나무가 차지 하고 있다고 하니 입과 눈으로 호강해 보자.

나의 북유럽 여행은 함부르크-코펜하겐을 통해 노르웨이 오슬로로 들어가 북유럽 여러 도시를 돌아보는 일정이다. 국경이 바다로 연결된 독일 덴마크 노르웨이, 멀지 않은 곳에 위치한 3국을 다양한 교통편을 통해 입국하면서 각국의 특징을 살펴 본다.

북유럽은 겨울에는 2시가 조금 넘으면 해가 지고, 여름에는 백야가 있다. 무상복지, 무상의료로 세계 최고의 복지를 자랑하는 북유럽. 독일의 북부이자 중세시대 유럽의 상업

수도 중 하나 였던 아름다운 항구도시 함부르크에서 기차 여행으로 시작했다.

2017년 1월 문을 연 엘프필하모닉 콘서트 홀은 하층부는 붉은 벽돌의 커피 창고를 철거하지 않고 보존하면서 상층부에 물결치는 파도의 실루엣을 닮은 함부르크의 랜드마크가 되었고, 일반인이 가이드 투어를 할 수 있게 개방되어 있다. 현장에서 리허설 하는 모습을 볼 수 있다. 너무 아름답고 멋있는 이 콘서트 홀에서 공연을 보는 것이 나의 버킷 리스트가 되었다.

북해로 연결되는 엘배강이 흐르며, 햄버거의 원조인 함부르크는 유럽에서 세번째로 큰 항만 도시이며 자유무역항이다. 2017년 이후 함부르크에는 공식적으로 총 7억 8905만 유로, 우리나라 돈으로 하면 거의 1조 원 가까운 돈이 투자된 엘베 강변에 솟아 오르는 파도 혹은 왕관모양의 비대칭 유리 건물 엘베필하모닉홀이 있다. 카카오와 커피를 보관하는 용도로 사용 되었던 창고 건물을 개조해 그 위에 멋진 디자인으로 지어진 콘서트 홀이다. 기회가 된다면 꼭 한번 공연장에서 공연을 감상해 보고 싶다. 나는 가이드 투어로 콘서트 홀 안에 들어 가 리허설을 하는 모습까지 볼 수 있었는데 외부 못지 않은 내부규모나 소리의 울림이 그 값어치를 느끼게 했다.

슈파이허슈타트(Speicherstadt)는 창고 도시 라는 뜻으로 함부르크 중심부의 별돌로 지어진 사무실빌딩이 있는 콘토

르 하우스 지구와 함께 2015년 유네스코 문화유산으로 지정 되었다. 구시가지는 중앙역에서 멀지 않으므로 반나절이면 돌아 볼 수 있다.

비틀즈를 좋아한다면 비틀즈가 라이브음악 클럽을 전전하며 공연을 했다는 비틀즈플라츠 (Beatles Platz) 광장을 가보자. 비틀즈 활동의 기반이 되었던 레퍼반은 지금도 사람들로 북쩍이고 있다. 장크트파울리 거리에는 지금도 다양한 클럽과 주점이 즐비하다. 함부르크와 코펜하겐은 구석구석 보기 보다는 인접해 있지만 다른 두 나라 아니 노르웨이 까지 세 나라의 분위기를 살펴보는 여행이었다. 도착해서 그 다음날 하루가 온전히 주어진 시간이기 때문에 구시가지를 걸어 보고, 항구도시의 매력을 느껴 보았다. 호텔이 역에서 멀다면 체크인 후 중앙역 사물함에 짐을 보관하고 구 시가지를 돌아 볼 수 있다. 햄버거보다 함부르크에서는 빵에 절인 청어가 들어가 있는 피쉬브뢰첸이나 생선 요리를 즐겨 먹는다. 여름이지만 해가 없거나 저녁이 되면 많이 춥우니 반드시 두꺼운 겨울 옷 하나 정도는 챙겨야 한다.

함부르크에서 기차를 타고 코펜하겐으로 가는 길은 페만 해협 (Fehmarn belt)을 건넌다. 즉 기차를 배에 태우고 바다를 지난다. 배에 차를 태우는 것은 보았지만 기차를 태우는 모습은 처음이다. 기차를 배에 실으면 사람들은 모두 기차에서 내려 배 안의 객실로 간다. 바깥으로 나가 바다를 구경할 수도 있고 배 안에서 밖을 볼 수도 있고 음식을 사 먹으며 휴식을 취할 수도 있다. 날씨가 춥지 않다면 당연히 밖으로 나가 북해를 즐겨본다. 독일에서 북쪽으로 가는 길은 바다로 나아가는 길이다. 독일은 덴마크, 노르웨이에 비하면 물가가 많이 싸서 저렴하게 살 수 있는 물건들은 구입 후 코펜하겐으로 향한다. 생필품이나 의약품 또는 의류도 음식값도 함부르크가 훨씬 저렴하다. 독일과 덴마크는 유럽연합에 속해 있는 나라이지만 노르웨이 오슬로는 EU 에 속하지 않고, 다만 생겐조약에 가입된 나라이다. 출입국 도장은 찍어 주지 않지만 다른 나라라는 뜻이다. 내가 EU 에서 산 물건의 관세는 EU 마지막 국가에서 받아야 하므로 마지막 이동국가가 노르웨이라면 코펜하겐에서 관세를 환급 받아야 한다.

북유럽 덴마크는 심플리시티로 대표될 만큼 불필요한 장식이 없는 깔끔한 디자인으로 유명하다. 겨울이 길고 추우며 해가 떠 있는 시간이 짧다 보니 실내에서 보내는 시간이 긴 탓에 디자인이 발달되어 주방용품으로 유명한 보둠, 유리제품 홀메고, 은세공 액세서리 조지 젠센 외에도 문재인 대통령이 써서 유명해진 안경 린드버그와 같은 많은 분야의 명품이 있다. 코펜하겐에는 로얄코펜하겐 아울렛이 있어 약간의 하자가 있는 물건을 50프로 할인해 준다. 할인가격도 만만치 않다. 동양으로 부터 영향을 받은 도자기가 덴마크 왕실에 후원을 받아 식기 브랜드 이상의 예술을 만들었다.

여행 중 베스트 장면을 뽑으라고 하면 코펜하겐에서 오슬로 가는 페리에서 본 경치를 꼽는다. 선상에서 보는 해돋이와 석양은 나에게 잊을 수 없는 뭉클함을 주었다. 우리는 해돋이를 보기위해 특별한 날 바닷가에서 더 좋은 자리를 차지하기 위해 쟁탈전을 하면서 떠오르는 해를 기다린 적이 한번쯤 있을 것이다. 이 배안에서는 그럴 필요가 없다. 보통은 육지에서 바다를 바라보며 뜨는 해를 보지만 배 안에서는 바다에서 바다를 바라 보기에 느낌이 전혀 다르다. 게다가 하루에 석양과 해돋이를 모두 감상하면서 가족끼리 앞으로의 꿈을 나눠 보는 시간이 가졌다. 배는 매일 오후 4:30에 코펜하겐을 출발해서 오슬로에 9:30 경 도착한다. 페리의 운항 시간과 소요시간은 계절에 따라 달라지니 예약 시 체크한다. Copenhagen Oslo Ferry 라고 검색하면 예약해 주는 사이트를 찾을 수 있다. 매일 운행하는데 코펜하겐에서 오슬로로 가는 사람으로 이렇게 많다는 사실이 신기했다. 배는 상상보다 훨씬 커서 안에 수영장, 식당, 놀이터 뿐만 아니라 면세점도 있다.

방에 짐을 두고 페리 시찰에 나갔다. 미리 식사를 예약하면 할인 해 주기 때문에 저녁 식사를 예약해 뒀다. 장소에 비해 사람이 많기 때문에 예약 시 시간도 미리 정한다. 한바퀴 둘러 본 후 저녁 식사를 했다. 타이타닉 영화 때문인지 망망대해에 떠 있으면 약간의 두려움도 있다. 식사를 마치고 해가 뉘엿뉘엿 할 무렵 해가 지는 모습이 잘 보이는 곳에 자리를 잡았다. 여름이지만 날씨가 약간은 쌀쌀하다. 바다를 보고 있자니 내가 얼마나 초라하고 작은 존재 인지 알게 된다. 서서히 해가 지는 그 모습은 인간의 욕망을 내려 놓게 되는 순간이다. 반면에 해 돋이는 새로운 기운을 느끼게 해 준다. 미리 알람을 맞추고 취침했다. 결국 잠깐 밖에 눈을 붙이지 못했지만 배에서 보는 일출을 놓치고 싶지 않았고 해돋이는 육지에서 보는 것과 비교할 수 없는 아름다움이 그 피곤을 보상해 주었다. 떠오르는 태양을 보면 누구나 희망을 품게 될 것이다. 북유럽 여행을 생각하고 있다면 덴마크 구경도 하고 하루 호텔비도 아끼며 선상의 일몰일출을 한번에 볼수 있는 페리 여행을 추천한다.

배편 예약: https://www.dfds.com

한 나라를 자세히 보는 것도 좋고, 이렇게 이동을 하면서 각 나라의 분위기를 살펴 보는 것도 자유여행의 매력이다. 힘주지 않아도 아름다운 도시 코펜하겐에서의 이틀을 뒤로 하고 노르웨이 여행의 시작지인 오슬로에 도착했다. 오슬로는 우리에게 '절규'로 유명한 뭉크의 도시, 노벨 평화상이 수여되는 노벨 평화센터가 있다. 현지 노르웨이 지인은 바이킹의 나라이니 배 박물관에 꼭 가야 한다며 우리를 안내했다. 이 외에도 시내는 하루 이틀 정도 둘러볼 만하다.

노르웨이 여행의 최고봉은 산악기차(플롬바나)를 타고

플램(Flam)까지 이동하는 세상에서 가장 아름다운 구간이
다. 플램에는 크루즈 선박이 도착해 사람들을 내려 놓는다.
플램에서 하루 숙박을 하고 하이킹도 하고 보트를 타고 산
양들의 산타기 하는 모습을 직접 코 앞까지 가서 볼 수 있다.
우리를 개의치 않고 뛰노는 돌고래를 옆에서 볼 수 있고, 산
꼭대기에 헬기를 타고 갈 수 있는 세계에서 제일 비싼 비엔
비. 겨울왕국의 배경이 된 높은 산과 진한 계곡과 같은 바다
피요르드로 플햄에서의 이틀은 수많은 여행 중 잊을 수 없
는 또 하나의 추억을 남겼다. 한여름에도 사방에 펼쳐진 만
년설의 아름다운 노르웨이의 경치를 마음에 담아 보자.

데릭스베르궁전

노르웨이는 산이 많고 빙하설에 의해 형성된 움푹파인
바다 계곡인 피요르드로 유명한 나라이다. 잔잔해 보이지

만 길고 깊다. 동쪽에서 서쪽으로 이동시 산을 넘어 가면 멀기 때문에 대부분의 배가 차와 사람을 함께 싣고 간다. 노르웨이 제 2의 도시이자 가장 중요한 항구 도시 베르겐 항구 옆 어시장에서 싱싱한 노르웨이 해산물을 즐겼다. 플뢰예산 쪽으로 집들이 빼곡히 비탈을 따라 형성 되어있다. 케이블카를 타면 8분만에 꼭대기에 올라 갈 수 있지만 안개가 낀 날은 내려다 보아도 아무것도 보이지 않는다. 날씨를 확인하고 올라가야 한다.

우리는 작은 경비행기를 타고 서북쪽 알레순트에 지인의 집으로 향했다. 노르웨이는 산이 험하니 이런 작은 경비행기를 운영한다. 열몇명 정도 탈 수 있는 헬리콥터 보다는 작은 경 비행기를 처음 타 보았는데 흥분되고 재미있었다. 그곳에서 바이킹의 후예답게 나무 배를 타고 시장에서만 사 먹어 보던 노르웨이산 고등어 낚시를 했다. 가짜 미끼를 넣어도 고등어가 줄줄이 올라왔다. 그날 잡은 고기는 그날 다 먹어야 한다는 주인의 배려로 그 후 일년은 고등어를 먹지 않아도 될 정도로 노르웨이 현지 고등어를 실컷 맛보는 호강을 했다. 이런 현지 체험을 할 수 있다면 자유여행의 가장 큰 기쁨이지 않을까 싶다. 여름에는 해가 지지 않는 나라 노르웨이를 천천히 돌아 볼수 있는 기회가 있기를 바란다.

추천: 가족 또는 친구들과의 여행

관광 포인트: 2000년 넘는 고대도시를 보고 느낄 수 있다. 유네스코 세계 문화유산 페트라, 와디럼, 사해

유럽은 아니지만 유럽에서 가까운 여행지면서 자유여행으로 다녀오기에 좋은 꼭 추천하고 싶은 장소라 함께 공유해 본다. 독일에 살면서 유럽의 왠만한 곳은 최소 한번 여행을 다녀왔다. 상하이로 돌아 오기전 겨울, 여행하기 좋은 도

시를 고르다 문득 우리반에 이스라엘에 자주 다녀오는 이스라엘 학생들을 여럿을 보고 이스라엘과 요르단 자유여행에 대해 의견을 물어보았다. 우리에게 중동 지역은 왠지 여행하기에 불안해 보이는데 현지인들은 분쟁지역만 가지 않으면 전혀 문제 될게 없다고 했다. 용기를 얻어 떠난 이스라엘과 요르단 여행에서 느낀 점은 자유여행하기에 요르단은 위험하지 않다는 것이다. 오히려 광대한 우주 속에 작은 나를 실감하는 기회였다. 요르단은 종교전쟁, 오일과는 거리가 먼 석유가 나지 않는 비산유국으로 관광이 수입의 주를 이루는, 영화 속에 화성으로 나오는 진짜 지구인가 싶은 인디아나 존스와 마션의 촬영지이다.

요르단은 이스라엘과 국경을 맞대고 있고 성지순례에 살짝 들리는 나라이기도 하다. 요르단은 국제면허증으로 운전이 가능하고 우리나라에서 암만 공항에 도착해 비자 발급이 가능하다. 국교는 이슬람교이지만 종교의 자유가 있고 10% 정도의 기독교신자가 있다. 요르단은 기본적으로 다른 중동지역과 달리 친서방 국가로 여행하기에 안전하다. 대중교통이 잘 발달되지 않아서 개인 여행 보다는 단체 관광을 많이 하는 편이지만, 차량 렌트가 쉽고 비용도 비싸지 않다.

유네스코에 등재된 곳만 5곳으로 영화에도 많이 나왔던 장소인 페트라와 와디럼 등 볼거리가 가득한 세계 문화 상 매우 중요한 곳인 요르단은 국내 도처에 귀중한 고고학적

유적과 이슬람과 그리스도교가 조화를 이룬 유물들이 흩어
져 있는 나라이다. 사해를 중심으로 이스라엘과 요르단으
로 나뉘어져 있다. 이스라엘과 요르단을 오가는 국경은 북
부, 중부, 남부가 있는데 수도 암만에서 가까운 중부 지역은
요르단 비자가 있어야만 가능하고 대부분의 볼 거리가 남
부에 많이 모여있다.

나는 붉은사막 와디럼이 가까운 남쪽 에일랏국경을 이용
했다. 에일랏은 이집트, 이스라엘 요르단세 국경이 붙어 있
지만 가장 심사가 간단한 국경이라고 한다. 아직은 사람들
이 순진해 보인다. 내 가방의 물건을 꺼내 뭐하는 물건인지
물어보며 자기를 주면 안되냐고 농담도 한다. 차량 렌트하
는 곳이 국경 넘으면 바로 있다고 했는데 사실과 달라서 전
화로 주소를 다시 물어 택시를 타고 가야만 했다. 아직 자유
여행자가 많지는 않아 서비스의 정확도는 살짝 떨어져 보
였으나 큰 불편함은 없다. 와디럼으로 가는 길은 도로 건설
중이거나 마냥 시골 길이다. 비수기라 그런지 차도 많지 않
다. 그래도 내비게이션이 가라고 하는데로 가면 목적지가
무리 없이 나왔다.

와디럼의 가이드 투어를 예약해 놓았기 때문에 부지런히
와디럼으로 향했다. 영화 아라비아의 로렌스, 마션의 화성
으로 나왔던 장소인 와디럼은 유네스코 복합 유산으로 지
정된 보호 구역으로 배두인이 안내하는 지프투어나 낙타투
어로만 가능하다. 우리에게 마음대로 구경하라고 해도 방

향을 찾을 수 없을 것 같다. 사방이 붉은 사암으로 둘러 쌓여서 한번도 본 적 없는 황량함과 웅장함을 동시에 느낄 수 있었다. 사방이 붉은 와디럼에는 숙박을 하는 캠핑장이 호텔처럼 운영되는데 이곳에서 밤에 별과 일몰, 아침에 일출을 보는 것이 큰 관광거리라고 한다. 비행접시 같이 생긴 캠핑장도 있다. 베두인들이 먹을 것을 직접 캠핑장으로 갖다 주기 때문에 누워서 별만 보면 된다고 한다. 이 광활한 사막에서 밤에 쏟아지는 별을 보면 어떤 느낌이 들까? 요르단에 머무르는 시간이 길지 못함이 너무 아쉬웠다. 다음에 꼭 한번 아이들과 함께 와서 붉은 사막과 별 체험을 해 보고 싶다.

50만년 전 구석기 시대부터 인류가 정착하였다고 알려진 요르단의 제일 유명한 관광지는 페트라이다. 이곳은 이집트와 아라비아, 시리아-페니키아 사이의 중요한 교차점이어서 번영을 누렸다. 페트라의 건물들은 바위산을 반쯤 깎아서 만들었고, 좁은 통로와 수많은 협곡이 있는 산으로 둘러싸여 있다. 건물 대부분을 암벽을 파서 만든 페트라는 극장과 온수 목욕탕, 상수도 시설이 갖춰진 현대 시설 못지 않은 도시가 바위산과 협곡 사이에 숨어 있어 있는 기원전 300년경의 고대 도시로 마냥 신비롭기만 하다. 나는 이곳에서 발목을 삐끗하는 바람에 당나귀를 타고 돌아보는 호사를 누렸다. 와디럼과 페트라 모두 하루가 꼬박 걸리는 일정이다.

하룬산 북쪽 기슭에 있는 페트라로는 가는 길은 한참 공사 중이다. 아직은 거의 차도 없고, 다니는 사람도 많지 않지만 페트라로 가는 길은 꼬불 꼬불 나무 한포기 풀한포기 없는 신비한 사막이라고 하기엔 모래가 없는 암벽들로 이루어져 있다. 저 멀리 산에 하얗게 쌓여 있는 것은 무엇일까? 소금일리는 없고. 한참을 달려 고산 지대를 넘어 가다 보니 눈이 녹아 내리고 있었다. 아침과 저녁의 기온차이가 워낙 심하다 보니 밤에는 눈이 오고 낮에는 해가 강렬해 녹아 내렸다. 특히 겨울은 기온차이가 크니 입고 벗을 수 있는 외투를 하나쯤 준비해야한다. 요르단에서의 운전은 미지의 세계로 나가는 기분이다. 관광객들은 대부분 관광버스를 타고 오거나 패키지 여행으로 온다. 그러나 운전하기 어렵지 않으니 꼭 개인여행으로 한번 가보면 가고 오는 길에 보이는그 경치는 평소에 자연 속에서 느낄 수 없는 단조로움 속에서의 다채로움이 있다. 단 렌트카로 페트라를 간다면 돌아오는 시간을 계산해서 해 지기 전에 산을 넘어 올수 있어야 한다. 아스팔트 도로가 없기 때문에 어디가 도로이고 어디가 낭떠러지 인지 구분이 되지 않는다. 우리는 페트라를 조금이라도 더 보고 오고 싶은 욕심에 출발이 늦어져 해가 완전히 넘어가기 직전에 산을 넘어 사해 해변가로 내려올 수 있었다. 거의 해변에 다 올 때까지 한대의 차량도 없어 조금 무섭기도 했지만 석양을 바라보며 산을 넘던 광경은 몇 년이 지난 지금도 또렷이 남아 있다.

요르단의 풍경은 상상조차 해보지 못한 신비함이 있다.

남쪽에서 북쪽으로 올라가는 길은 사해 (사실은 호수지만 사람들이 보기엔 바다 처럼 보여서 소금바다인 사해로 불리운다)를 따라 연결되어 있다. 사해는 한번도 본 적 없는 밝고 투명한 하늘색에 해안은 소금으로 하얗게 띠를 둘렀다. 사해를 건너 이스라엘을 마주보는 수영장은 한겨울에 따뜻한 온수를 제공하지만 수영을 하는 사람은 우리 밖에 없었다. 바닷가로 연결되어 있어 나가면 고급 화장품의 재료가 되는 이스라엘 진흙으로 맛사지도 할 수 있고, 90키로에 가까운 남편도 장난처럼 물에 둥둥 떠서 책을 읽을 수 있다. 사해는 겨울이지만 물이 따뜻하고 피부병, 류마티스 관절염에도 좋다고 한다.

유럽이 중세로의 여행이라면 요르단은 고대로의 여행이다. 유럽의 여행이 건물과 예술품이라면 요르단의 볼거리는 자연과 고대인들이 자연에 만들어 놓은 섬세함과 상수도 시설과 같은 과학의 발전이 컴퓨터도 없는 시기에 가능했다는 사실만으로도 경이롭다.

 그 외 꼭 가보면 좋은 여행 코스

이 외에도 소개하고 싶은 여행 코스는 많다. 아일랜드를 방문한다면 깍아지른 웅장함이 있는 모흐절벽을 버스킹의 도시 골웨이와 함께 여행해 보기를 권하고 모젤강과 라인강이 만나는 코블렌츠는 리슬링 와인의 최대 산지로 와이너리 하이킹 여행을 할 수도 있고 케이블카로 애랜브라이트슈타인 요새에 올라 시내를 내려다 볼 수도 배를 타고 마을을 둘러 볼 수도 있다. 프라하를 여행할 때 같이 보면 좋을 도시 작센 주의 드레스덴은 작지만 섬세하고 예술적인 귀족도시를 느낄 수 있다. 알테마이스터 미술관에는 라파엘로의 시스티나의 마돈나가 있고 화려하면서 유럽도자기의 시작과 같은 마이센 도자기로 유명하다. 작은 작품이라도 하나 구입하고 싶었지만 비싸 그냥 감상하고 돌아 오는 것으로 만족했다. 한시간 거리 같은 작센주 예술가의 도시 라이프치히는 바흐의 묘가 있는 성 토마스 교회와 멘델스존의 집이 있고 괴테가 법학을 공부한 젊은이의 도시, 괴테의 도시이기도 하다. 실제 파우스트에 등장하는 장소이자 괴테가 학생때 자주가던 식당 아우어바흐스 켈러(지하)에 가면 파우스트와 메피스토 동상이 있다. 기차나 버스를 이용해 라이프치히-드레스덴-프라하로 연결해 여행 할 수 있다.

크로아티아는 16개의 에머럴드 빛 호수와 수백개의 폭포가 연결되어 흐르는 플리트비체극 시작으로 남쪽으로 아드리아해를 따라 드라이브하며 1700년의 역사를 지닌 스플리트, 바다 오르간으로 유명한 소도시 자다르(Zadar)를 거쳐 왕좌의 게임 촬영지인 두브로니크까지 연결된다. 물가도 싸고, 사람들도 친절한 크로아티아는 자연의 아름다움을 느낄 수 있다. 이중에서 플리트비체는 단연 최고의 자연경관을 선물해 주었다. 끝없이 연결된 폭포와 투명하리 만큼 맑은 물은 보는 사람으로 하여간 감탄을 자아낸다. 호수 감상 팁은 아래쪽에서 걸어 올라가고 내려올때 차를 타는 코스를 추천한다.

플리트비체

3부

스마트한 여행 전략

　어플리케이션(이하 어플)의 사용은 여행을 쉽게 한다. 어플들은 점점 진화해 사용법도 쉬워졌고 외국 어플도 최근에는 번역하지 않아도 바로 한국말로 언어 선택이 가능하다. 여행 계획과 실행에 있어서 어플은 꼭 필요한 요소이지만 너무 많은 어플을 이용하면 시간이 소모되고 복잡하기만 하다. 중요하고 유용한 꼭 필요한 어플 몇가지만 따로 모아 놓으면 시간도 절약하고 편리하다. 물론 어플 사용을 잘하고 비교하기를 좋아한다면 굳이 여러곳을 보지 말라고 하진 않겠지만 중요하고 잘 쓰이는 어플을 추려내는 일도 중요하다. 복잡하다 생각하지 말고 어플과 친해 지자. 여행 시 쉽게 찾아 이용하기 위해 꼭 필요한 여행 어플 끼리 모아서 묶어 놓고 여행을 떠나기 전 몇 번 사용해 본다. 중요하지 않거나 필요하지 않는 어플은 과감히 지워버린다. 경험에 비추어 자주 쓰고 꼭 필요한 어플을 소개한다.

1) 제일 유용한 교통 어플(Omio)

　동선을 정할 때, 나라나 도시 이동시 비용 시간을 비교할 때 반드시 필요한 어플이다. 각 교통편이 걸리는 시간, 비용을 알려 주며 예약 까지 가능하다. 때로는 수수료가 붙기도 한다. 나라 마다 교통 편을 예약 하는 회사가 다르므로 수수료를 원하지 않을때 최종 예약 시에는 직접 예약하는 회사의 웹사이트와 한 번 비교해 보고 예약하는 것이 좋다. 유럽 여행 시 가장 많이 쓰이는 믿음직한 어플이다.

예) 뮌헨~프라하

　한번에 여러 교통 수단을 비교해 가격과 걸리는 시간을 알려 준다. 가격은 언제 예약 하느냐에 따라 요금이 변화기도 하므로 루트정리를 위해 사용

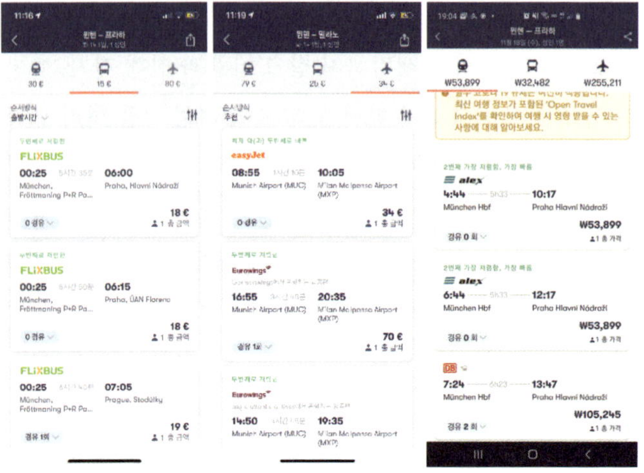

할 때에는 날짜를 변경해 가며 비교해본다.

. . . .

2) 구글과 친해지기

25년 전에 여행할 때에는 지도를 보고 여행을 다녔고 그 후에는 차량을 렌트 하면 하루 10 달러 정도를 주고 네비게 이션을 추가 해야만 했던 시절이 있었다. 구글은 여행자들 에게는 획기적인 편리성과 비용을 절약할 수 있게 해 주었 다. 무료로 쓸 수 있는 어 플이고 쉽고 정확하게 사용할 수 있는 앱이다. 특히 유럽에서는 대중교통도 잘 알려준다. 전 화기 회사와 관계없이 어플을 사용할 수 있다. 안드로이드 폰은 별도로 다운하지 않아도 되지만 에플 유저는 앱스토

어에서 다운 한다. 여행 시 유용한 구글의 다양한 어플을 정리해 본다. 비슷한 용도의 다른 어플이 있다면 대체해 사용해도 된다.

a) 구글지도(동선 정리하기)

유럽에서 구글 지도는 매우 유용하다. 대중교통도 잘 나와 있다. 구글 지도는 꼭! 익숙해져야만 하는 어플이다. 우리나라 지도 어플과 사용법이 유사하다. 대중교통, 차로 이용할 경우, 걸어서 이동할 경우, 우버와 같은 택시어플도 알려준다. 언어가 한국어로 설정 되어 있으면 네비게이션도 한국어로 설명 해 준다.

유럽에서 별도의 지도 어플을 다운 할 필요는 없다. 그러나 정확한 대중 교통 정보나 교통 카드를 사고 싶다면 그 나라의 대중교통 어플을 다운 할 수도 있지만 오래 머물지 않는다면 티켓머신에서 구입한다. 가끔 대중 교통에 빠지는 구간도 있으니 지도를 확대해 보면 내 장소 주변의 지하철이나 버스 정류장 확인이 가능하다. 예를 들면 오스트리아에서는 S bahn (bahn 은 전철을 뜻한다) 노선만 알려주고 U bahn 노선은 알려주지 않았다. 지도를 확대해 더 가까운 역 (Ubahn) 을 찾아 갔던 경험이 있다. 일반적으로 웹서치에 교통 상황을 자세히 올려 놓은 친절한 블로거들이 많다. 방문하는 도시의 대중교통을 이용할 때 찾아서 읽어 보면 도움이 된다. 예) '뮌헨대중교통' '파리 대중교통'

연습 방법

원하는 장소를 어려움 없이 잘 찾아 가는 기술은 여행을 잘 하는 기술 중에 가장 중요한 기술이다. 원하는 정보를 빨리 정확히 찾는 것도 중요하지만, 지도를 잘 볼 줄 모르거나, 방향을 잘 못 찾으면 시간도 오래 걸리며 여행하는 과정이 힘겹고 때로는 당황한다. 우선 구글 지도에 나의 계정으로 로그인 한다. 나의 계정으로 보아야 내가 가고 싶은 곳, 식당 등 항목을 정해서 저장 할 수 있고, 저장 내용을 확인 할 수 있다. 장소를 찾으면 * 색깔로 가고 싶은곳, 숙소등 내가 알아 볼 수 있도록 표시해 두자. 가고 싶은 곳들을 미리 저장해 두면 동선을 짜기에도 쉽다.

지도 방향 보는 연습도 꼭 해야 한다. 구글 지도

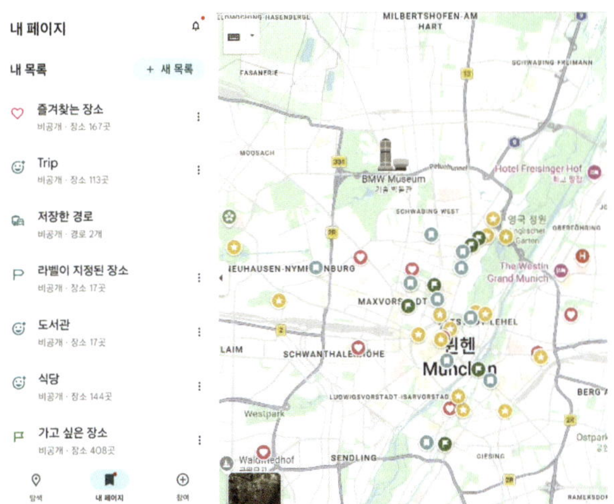

로 미리 내가 묵는 숙소의 거리뷰도 직접 볼 수 있
으니 숙소 예약시에도 참조하고, 내가 여행하려
는 장소를 찾아 갈 때에도 한번 보고 가면 실제 장
소를 찾을 때 도움이 된다.

관광지나 방문하고 싶은 장소는 Trip Advisor,
각 인터넷에 관광 명소 또는 블로그를 참조하자.

연습해야 할 사항

- 나라간 이동, 도시간 이동 연습

(예: 이태리 로마 피렌체 베니스 교통편)

- A에서 B로 다양한 교통편을 이용해 찾아가기

(예: 마드리드 중앙역-bnb 숙소 찾아가기)

- 가까운 장소 걸어서 찾아가기

b) 드라이브 – 예약 서류 저장. 중요한 내용 저장 (대체 클라우드)

비행기 티켓, 중요한 입장권과 같이 중요한 예약 사항을 저장해 놓는다. 예약증이나 티켓은 어플에만 저장해 놓지 말고 인터넷이 안될 경우를 대비해 어플에 저장하고 인쇄해 보관한다.

유럽은 슬로우 컨트리다. 빠른 변화를 좋아하지 않는다. 스마트 폰이나 큐알코드를 이용하고, 대부분이 자동으로 빨리 변화하는 우리나라나에 비추어 보면 답답한 일이 하나 둘이 아니다.

오스트리아 기차를 타고 뮌헨 ~ 부다페스트 여행 시 독일 기차(DB) 보다 오스트리아 기차가 저렴해서 오스트리아 OBB 열차로 예약을 했는데 예약확인증을 종이로 프린트 하지 않았다.
일반적으로 독일이나 오스트리아에는 예약 큐알을 보여 주거나 기차역에서 예약번호를 입력하고 프린트 하는 곳이 있다.

그런데 부다페스트 역은 와이파이도 안되고, 프린트 하는 곳도 없다. 데이터도 잘 되지 않는다. 나 외에도 많은 사람들이 information center 에 와서 예약증을 프린트 하려고 컴퓨터를 빌리고 인쇄할 곳을 찾으려고 애 쓴다. 결국 기차를 놓치고 현장에서 다시 사기도 한다.

나는 기차를 놓치기 싫어서 우선 기차를 탔다. 검표원이 왔고 예약 번호도 주고 큐알 코드도 보여 주었다. 큐알코드 확인은 안되고 예약 확인 증 화면이 있거나 프린트 한 서류를 달라고 한다.

여행을 많이 다녀도 이렇게 황당한 경우는 처음이다. 표도 보통 할인해서 파는데 정가를 다 내고 사라고 한다. 돈을 뜯어내려고 작심한 모양이다. 이 기차는 데이터도 연결되지 않았다.

잠시 뒤 다시 오라고 하고 시간을 조금 벌었다. 검표원이 다시 와 표를 새로 사려는 순간 데이터가 연결 되어 표 예약 사이트에 접속이 되어 가까스로 예약내용을 확인 할 수 있었고 표를 다시 사지 않았지만, 돈의 액수를 떠나 고의적으로 돈을 뜯으려고 한 것 같아 기분이 언짢았다.

티켓은 가급적이면 프린트 해 두도록 하자.

c) 구글포토(애플–아이클라우드)

사진을 백업해 두는 어플이다. 여행을 다니다 보면 얘기치 않게 폰을 잃어 버리는 경우도 전화기 가 망가지는 경우도 생길 수 있다. 여행은 다녀오면 다시 돌아 갈 수 없으니 사진은 반드시 백업을 해 두도록 하자.

d) 구글 번역.(대체 파파고)

요즘은 예전과 다르게 외국어를 못해도 번역기 덕분에 여행에 불편함이 없다. 언어를 미리 다운로드 해 놓으면 데이터가 없어도 번역이 가능하다. 일일이 글자를 치지 않아도 사진을 찍어도 내용이 번역 된다.

3) 웹 검색 요령

필요한 정보를 알아 보는 방법은 책, 인터넷 검색 또는 지인에게 물어보는 방법이 있겠지만 아무래도 인터넷을 검색하는 일이 가장 많다. 절대 한 웹사이트 (블로그 또는 까페) 만 검색하지 않는다. 네이버나 Daum 과 같은 한국 사이트, 구글처럼 외국 기반의 웹 검색, 블로그, 유투브 등 세 곳 정도 찾아 비교해 보는 것이 정확하고 다양한 정보를 얻을 수 있다. 포스팅한 년도(year)를 체크해 가능하면 최근의 정보를 참조한다.

예) 로마 관광지를 검색해 보자.

Naver, Google, 블로그, 트립어드바이저 등의 다양한 채널을 통해 장소를 확인한다. 장소 설명을 읽고 가고 싶은 장소와 관심장소를 다른 색으로 구글 맵에 저장한다. 별점은 개개인의 취향에 따라 다르니 평점이 높다고 꼭 좋은 곳은 아니다. 실제 여행이라 생각하고 내용을 읽어 보고, 사진도 미리 보면 장소 이해도 되고 꼭 들려서 보아야 하는 장소인지도 판단 할 수 있다.

웹 검색에는 다양한 단어를 사용해 보도록 한다. 여행지 검색의 경우 로마의 관광지, 로마여행, 로마여행일정, 로마 워킹투어 등을 사용 할 수 있다.

같은 내용을 검색하더라도 여행에 주로 사용하는 단어들이 있다. 예를 들면 밀라노에 차를 렌트 해 여행을 한다고 하면 밀라노 운전, 밀라노 드라이브, 밀라노 렌터카 이렇게 같은 뜻이라도 다양한 검색어를 넣어 본다. 인터넷 상에 주로 사용하는 용어가 있다. 경험상 운전이라는 검색어 보다 렌터카 여행이라고 했을 때 정보가 제일 많다. 정확하고 좋은 정보는 연습에서 나온다. 여러 정보를 잘 참조해서 나의 여행에 적용하는 능력은 해볼수록 빨라진다. 다른 사람이 갔다고 그냥 따라 가지 말고 내가 좋아할 만한 장소인지 확인해 본다.

4) 동선 정리

유럽은 한 나라가 여러 나라와 국경을 맞대고 있다 보니 쉽게 여러나라를 여행 할 수 있다. 독일남부는 이태리 북부, 오스트리아 스위스와 국경을 같이 하고 있어 독일 전체를 여행하는 것보다 독일남부 이태리 북부를 여행하기가 더 편하다. 동유럽을 여행한다면 동쪽으로 연결되는 나라(체코, 헝가리)가 있고, 서쪽으로 연결되는 나라 (오스트리아와 독일)가 다르다. 즉, 체코와 헝가리를 함께 여행해도 되고, 드레스덴(독일), 프라하 (체코), 비엔나(오스트리아)를 연결해도 좋다. 꼭 지도와 교통편(Omio 어플 사용 가능)을 확인하면서 루트를 정하도록 한다. 비행기로 이동해야 하는 장소는 가능하면 피하자. 2,3시간 이동한다고 해도, 항공 이용은 딜레이가 될 수도 취소가 될 수도 있고, 공항으로의 이동은 시간이 걸리고 수속의 번거러움과 같이 여러 변수가 있다. 막연히 내가 가고 싶은 장소만 정해 스페인, 이태리를 함께 가겠다고 하지 말고, 동선을 확인 하도록 한다.

✈ 산을 볼까 숲을 볼까?

산과 숲을 모두 보기란 쉽지 않다. 그러려면 최소한 몇 달은 살면서 한 곳을 보아야 한다. 나는 26개월을 지내며 열심히 여행을 다녔지만 유럽의 모든 곳을 돌아 보지 못했고, 유럽의 대강의 스토리만 파악 했다. 한 곳을 자세히 볼 지, 아니면 전체적인 모습을 볼 지 생각해 보아야 루트와 기간이 정해 진다.

여러 번 언급해도 부족하지 않은 점은 욕심부리지 말자. 그렇지 않으면 장님이 코끼리 다리 만지고 코끼리에 대해 말 하는 것과 같다. 내가 여행하고 싶은 곳을 나라보다는 도시 그리고 장소로 좁혀 적어 보자. 꼭 가야 하는 곳, 가면 좋겠다 싶은 곳, 시간이 나면 들려볼 만한곳을 구분해 표시하자. (구글지도 저장 사진)

구글 지도에 내가 가고자 하는 도시와 관광포인트, 숙소를 정리 한다. 구글 지도 어플에 들어가면 내가 가고 싶은 장소, 숙소, 자주찾는 곳, 식당 과 같이 카테고리 별로 정리 할 수 있고 카테고리를 정할 수도 있다. 각 항목 별로 다른 색으로 별이 표시 되기 때문에 구분하기 쉽다. 여행지 동선을 정리해 보고 싶지만 동선이 맞지 않는 다면 과감하게 빼야 한다. 아니면 머무는 시간을 변경하자. 내가 머무는 시간(날짜)이 정해 지면 하루에 다닐 수 있는 곳을 시뮬레이션 해보자. 시간을 여유럽게 어레인지 한다..

여행 장소의 최종 결정은 반드시 취미와 성격을 고려 하자. 예술적인 부분이던, 음식이던 상관 없다. 내가 그 나라, 그 장소를 방문하는 목적을 한번 생각해 본다. 그렇다고 좋아하는 것만 보러 다니려고 하지 말자. 여행은 열린 마음으로 다른 나라의 문화와 역사도 참조해 다양하게 보는 시선을 갖는 것이 중요하다.

1) 참조 할 수 있는 정보의 예

가이드북: 내용을 계속 업데이트 하기 힘들기 때문에 시대에 뒤떨어져 있는 것들이 많다. 각 장소의 장점이 나의 관심과 잘 어울리는지, 그 장소를 다녀온 사람들의 후기도 함께 참고하자.

인터넷 카페나 블로그: 업데이트 날짜, 광고성 내용인지 확인한다. 내용이 주관적인지 객관적인지 확인을 거쳐서 응용한다. (잘못된 정보, 주관적인 생각들이 있다)

루트를 정할 때 고려해야 할 사항은 동선이다. 최단거리 또는 이동이 편리하게 동선을 짜도록 한다.

✈ 잘못된 실제 인터넷에 나와 있는 예

큰 루트에서 작은 루트로 정리하여 표시한다. 즉, 나라-

도시-세부관광지의 순서로 정한다. 도시들을 지도에 표시한 후에 관광지, 보아야 할 것들, 나와 동행자의 관심을 고려해 지도에 다른 색으로 메모해 놓는다. 세부관광지는 나중에 정해 추가 하거나 생략해도 된다. 가고 싶은 정도에 따라 색을 구분해 표시 해 놓으면 최종 결정 시 유용하다. 나는 여행지 참고시 트립어드바이저, 구글을 제일 많이 참조 했다. 트립어드바이저에 도시를 입력하면 그 도시별로 사람들이 많이 가는 장소를 순위 매겨 놓았다. 관심도에 따라 다르니 순위를 따라 가면 안된다. 나는 최소한 세 곳 정도 평을 보고, 내가 그 장소에 갈지를 정했다. 구체적인 장소는 여행시에 변경해도 되므로 가능한 많이 표시해 놓고 중요도를 저장해 놓는다.

식당을 찾을 경우에도, 현지인들이 자주 가는 곳인지, 비싸서 맛있는 집인지 메뉴를 참조 확인한다. 평점확인(평점을 준 횟수 참조) 할 경우 리뷰한 사람의 숫자가 적다면 추천하지 않는다. 리뷰의 숫자를 확인한다.

1) 교통편에 따른 장 단점 및 유의 사항

유럽은 여러 나라가 국경을 맞대고 있고 EU 에 가입 된 나라들은 입국 심사도 하지 않는다. 차량으로 이동 할 때에는 우리나라의 다른 도시 이동과 마찬가지이다. 항공, 버스, 기차로 이동 시간 가격 비교 예약까지 Omio 어플에서 다 해주므로, 굳이 플릭스 버스(Filix bus) 나 도이치반(DB 독일 기차 예약 어플, 각 나라마다 이동하는 기차들의 회사가 나라별로 다르

다) 같은 지역 교통 어플을 다운로드 할 필요는 없다. 각 교통별 자세한 내용은 상세히 적어 놓은 블로그가 많고(예: 검색창에 뮌헨 대중교통, 뮌헨프라하 기차 와 같이 입력한다) , 최근 내용을 확인 하는 것이 좋으니 이 책에서는 각 교통 편, 숙소의 장 단점을 비교하고 체크해야 하는 사항을 알아보고 어떤 숙소와 교통편이 나에게 적합 할 지, 선택에 고려해야 할 점은 무엇인지를 중심으로 살펴 보겠다.

유럽은 항공이용시 입국(In) 하는 나라와 마지막 출국(Out) 하는 나라가 같지 않아도 된다. 인터넷 창이나 skyscanner 에서 항공권 가격을 비교해 보고 사면 되지만 나는 개인적으로 자주 사용하는 항공권 구매 사이트(예: trip. com/expedia.com) 와 항공사 사이트에서 직접 구입한다. 항공사 사이트에서 직접 예매 하면 요금이 조금 비싸도 변경이나 자리를 무료로 예약해 주기도 한다. 최종가격이 크지 않으면 항공사에서 직접 예약하기를 추천한다. 비행기표는 사는 시기에 따라 가격이 오르내리니 적당한 가격에 샀다면 비행기표의 가격에 신경 쓰지 말자. 그 시간에 다른 것을 더 알아보자. 가끔씩 특가가 나오니 여행을 준비한다면 항공사에 주기적으로 체크해 본다.

유럽 내 교통편은 어떤 수단을 사용하느냐에 따라 가격뿐만 아니라 여행의 형태가 많이 달라지므로 각 운송수단별 장 단점을 정리해 보겠다.

항공여행(유럽내이동)

유럽내 이동시 항공을 이용할 경우

장점: 값이 싸다. 소요시간이 짧다. (버스나 기차 5시간 이상 소요할 경우 항공이 적합)

단점: 공항이 시내에서 멀다. 비행시간 외에 최소3시간 이상 시간이 필요하다.

가방의 무게 제한이 엄격하고 추가 비용이 있다.

체크 포인트

공항의 이름과 주소를 정확히 확인한다.(내가 가고자 하는 도시에서 공항의 이동 방법 시간을 체크한다).

무료 체크인 가방, 변경조건(내 여행이 변동 가능성이 있다면 변경 가능한 표를 예약)

최종 가격을 반드시 확인 한다. (체크인하는 가방이 있다면 드시 사전 구매 한다. 공항에서 추가 시 비용이 높고 시간이 걸린다.)

발권시 주의 사항: 여권 번호, 영문 스펠링, 출발과 도착 날짜 시간과 도시명(한 도시에 여러 공항이

있을 수 있으므로 반드시 공항의 이름과 위치를 지도상에서 확인한다. 예) 밀라노 -MXP(말펜사 공항), PMF 파르마 공항, LIN 리나테공항 BGY 오리오알세리오공항

항공권 구입 요령: 인터넷 검색 창에 도시 이름을 넣으면 항공권 값을 비교해 준다. 최종가격은 사이트마다 다르니 자주 이용하는 사이트에서 발권하자.

유럽에는 많은 저가 항공이 있어 나라간 항공료가 몇십유로면 가능하다. 취소나 딜레이가 낮은 항공사를 선택 하는 편이 좋다. 공항 검색 시 공항의 이름과 가고자 하는 곳의 주소를 검색해 도심으로 연결 시간을 확인 한다(예:말라가 공항을 검색하면 그라나다 공항도 같이나오는데 거리가 멀다.)

렌터카 여행

장점: 시간이 자유롭다. 가방의 개수에 제한이 없다. 가는 도중에 자연을 구경 하고 나의 스케줄에 맞출수 있다. 인원수가 3 이상이면 저렴하다

단점: 시내 중심을 여행하기에 불편하다. 주차 상황을 꼭 확인해야 한다.

추천: 대중교통이 불편하거나 많지 않은 곳. 자연 위주의 장소.

체크 포인트

a. 주차가 힘든 대도시, 구도시는 피한다.(예 밀라노, 리스본) 구도시나 번잡한 곳은 대중교통이 있는 곳에 숙소를 예약한다.

예: 밀라노 시내- 허가 없이 일반 차량진입이 불가하다. 차를 가져갈때 사전에 허가증을 구입해 등록해야 한다. 지하철 연결된 가까운 곳은 주차비도 없고, 시내로의 진입이 용이 하다.

스위스 체르마트- 차량진입이 불가능하다. 타쉬 기차역에 차를 주차 후 기차로 이동해야 한다.

b. 차량으로 이동시 구도시에 숙소를 정하지 않는 것이 좋다. 주차장이 있는 지 비용이 발생하는지 참고 해야 한다. 내가 여행하는 지역 또는 도시의 중요한 교통 법규 사항이 있는지 확인한다. (인터넷 검색 시 (도시) 렌터카 여행 또는 (도시) 렌터카 주의 사항 이라고 친다).

c. 국경을 통과 한다면 톨 비가 있는지, 차에 허가증

을 붙이는지 확인해야 한다. (오스트리아 국경 통과)

d. 차를 빌리는 장소를 잘 선택하자. (렌터카 회사가 많고 가격이 저렴한 도시 선택. 반면 도난이 많은 지역은 렌트시 보험이 되지 않을 수도 있으니 내가 이용하는 도시에서 여행하는 도시 운전이 가능한지 확인한다.) 예를 들면, 뮌헨에서 렌트-스위스 여행 루트 뮌헨에서 스위스 취리히 까지 3시간 소요 루체른이나 베른은 한시간 정도 더 걸린다. 가는길에 오스트리아 스위스 독일 세곳의 국경을 접한 보덴제(호수)를 낀 낭만적인 타운과 알프스를 배경삼아 드라이브 하며 갈 수 있다. 독일 국경을 건너자 마자 유럽최대의 폭포인 라인폭포가 있다. 기차를 이용한 여행보다 비용도 저렴하다. 배에 탑승하면 폭포중앙의 자리한 거대한 바위까지가 볼 수 있다. 스위스 운전 여행시에는 속도를 준수해야 한다. 범칙금이 높다.

*뮌헨-프리드히스하펜(보덴제)-루체른-베른

기차 여행

장점: 편리하다. (열차 안에서도 와이파이 이용이 가능하다.) 짐 이용에 추가 부담이 없다. 중앙역이 시내에서 가깝다. 대부분 중앙역에 짐보관함이 있다. 5시간 정도 소요될 경우는 항공 보다는 기차가 편리하다.

고려해야 할 점:

미리 예약하는 시기에 따라 가격 차이가 크다. 할인해서 사는 방법이 있는지 검색한다. 예를 들면, 독일 기차 할인 하면 기차 할인 방법에 대해 적어 놓은 블로그를 참조하는 식이다.

도난을 조심한다. 작은짐 (여권포함) 은 몸에 지니고 멀리 두지 않는다.

지역 패스 (예 스위스 패스) 또는 할인이 있는 카

드는 동선을 확인하여 몇군데 방문이 가능한지 가격을 비교한다. (실제 많이 이용하지 않으면 효율성이 떨어진다)

버스여행

장점: 싸다. 와이파이를 제공한다. 변수가 적다. 추가 짐가격이 없다.

단점: 자리가 좁다. 장시간 여행은 불편하다. 경치를 감상하기 어렵다.

추천: 가격 부분에 버스 보다 더 저렴한 교통편은 없다. 혼자 여행시 편리하다.

Rule : 비행시간 1시간 = 기차 또는 버스 4, 5시간

항공편 이용의 에피소드

뮌헨-스코틀랜드 에딘버러는 항공으로 2시간 25분 소요 된다. 이지젯 (Easyjet) 항공을 이용하여

오후 6시 출발 예정이었다. 눈이 많이 온 날이었다. 비행기가 연착이라는 방송을 하다가 결국 밤 11시가 되어서야 취소 통보를 했다. 저가 항공사는 취소 통보와 동시에 각자 다른 표를 알아서 구입한 후 청구 하라고 했다. 처음엔 어의가 없어 당황하고 있는 직항 비행기표가 사라지고, 한번 경유표도 사라졌다. 결국 다음날 2시간 25분 거리를 2번을 갈아탄 후 갈 수 있는 표를 구입 했다. 이런 경우 순간의 판단이 중요하다. 외국을 다니다 보면 이와같이 예기치 못한 일 들이 꼭 한번씩은 발생한다. 황당하다고 탓만 하고 있다가는 그 다음 여행 일정이 모두없어져 버릴 수도 있다.

비행기는 비교적 변수가 많다. 니스 공항 바닥에서 하루 잔 적도 있다. 니스 공항에 100년 만의 안개로 모든 비행기가 취소 되었고, 근처 호텔도 빈 방이 없어 대부분의 승객이 공항에 발이 묶여 공항 바닥에서 잘 수 밖에 없었다. 이런 점 들을 감안한다면, 시간이 두 세시간 더 걸리는 정도는 가능하면 기차를 선택하는 편이 낫지만, 바다를 건너 스코틀랜드를 기차로 갈 수 없으니 화를 내거나 속상해 하는 마음은 뒤로 하고 다음 계획을 세워야 한다. 환불 요청은 새로 끊은 비행기표와 영수증을 어플리케이션에 입력하였고, 생각보다는 쉽게 예약한 비행기 값과, 집에 왔던 택시비 까지 돌려받았다. 저가항공은 가방도 무료로 실어 주지 않고 핸드캐리의 작은 가방도 정확히 무게를 잰다. 캐리어가 있을 경우 꼭 baggage 를 웹사이트나 어플리케이션에서 미리 구입 하도록 한다. 공항에서 추가할 경우 가격의 차이가 있다. 비행기 표는 미리 끊으면 싸다. 나는 스코틀랜드 에딘버러에서 아일랜드 더블린을 15유로에 예약했다. 비행기가 뜰까 걱정할 정도로 가격이 싼데 딜레이도 되지 않고 잘 도착했다. 이렇게 모든 과정은 상황마다 다를 수 있다. 즉, 비싸다고 좋고 싸다고 나쁜 선택은 아니다. 장단점을 비교해 선택을 하고, 선택한 일에는 늘 변동이 생길 수 있다는것을 명심하자. 항공 이동은 빠른 대신 다른 교통에 비해 변수의 가능성이크다.

렌터카 여행의 에피소드

스위스의 남쪽 체르마트, 우리가 알고 있는 파라마운트 여행사의 로고로 유명한 마테호른을 볼 수 있는 곳이다. 체르마트 까지 차를 운전해 들어

갔다가 큰 벌금(500유로)을 낼 뻔 한 적이 있다. 체르마트에 가려면 타쉬(Tasch)에 주차를 하고 셔틀기차를 타고 들어가야만 한다. 그런데 왠일인지 우리나라 블로그에는 이런 정보가 잘 나와 있지 않다. 스위스는 어디든 경치가 아름답고 잘 가꿔져 있기 때문에 운전을 하고 다니면 곳곳에 잠시 멈춰서 그림 같은 장소를 느낄 수 있다. 터널 통과 비용이 30유로 정도 했는데 아끼려고 돌아 오려면 어마어마한 시간이 걸려야 한다. 법규도 까다롭다 보니 과속 스티커도 잘 날라온다. 스위스 물가가 비싸다 보니 주변 국에서 차를 렌트하는 것이 좋은데 스위스 안에 들어가려면 붙여야 하는 비넷이라는 스티커는 12월 31일 까지 유효 하다. 즉 1월 1일에 붙여도 일년이 유효하고 12월30일에 붙여도 12월 31일일까지만 유효하다. 내가 빌린 차에 이런 스티커가 붙어 있는지 확인하고 혹시 운 좋게 붙어 있으면 구입 하지 않아도 국경을 통과할 때는 각 나라별 입국규정을 확인해야 한다.

유럽은 차를 타고 가다 보면 국경을 지나게 되고 나라 이름만 표시 되기 때문에, 미리 알아보지 않고 입국을 한 경우에는 나중에 교통 위반 벌칙금 고지서를 받게 된다. 즉 다른 나라로 차량 입국시 붙여야 하는 비넷이라고 부르는 스티커가 있는 나라(오스트리아, 프라하, 스위스등) . 톨비(이태리, 프랑스 외) 있는 나라로 나뉜다. 스티커(비넷)가 있는 나라는 보통 휴게소나 주유소에서 구입이 가능하고 마지막 휴게소라고 하는 간판이 있기도 하다. 나중에 위반스티커를 받지 않도록 지도를 확인해 국경이 변하는지 확인한다.

기차여행의예

뮌헨에서 프라하를 가는 경우는 주로 버스와 기차 시간이 거의 비슷하지만 버스 비용이 훨씬 저렴하고 편하다. 기차를 타고 갈 경우에는 지역의 할인권(예 독일의 바이에른티켓-바이에른 주 내에 어떤 도시든 같은 값으로 갈 수 있다)이 있는지 확인하면 더 좋다. 시간이 여유롭다면 뮌헨-드레스덴-프라하의 경로로 갈수 있다.

2) 호텔예약 어플 예

-Booking.com hotels.com, Airbnb, trip.com, Agoda 등 10박을 하면 일박을 무료로 해주는 회사가 있지만 그 금

액이 결국에는 요금에 포함되어 있다. 어떤 어플은 50프로 할인한다고 쓰여 있으나 비용을 높게 잡고 할인 폭을 크게 하거나, 예약 후 수수료를 붙이기도 한다. 할인 퍼센트에 유혹 되지 말고 받드시 최종가격으로 비교 하자.

한 장소에 가능하면 최소 2박은 하도록 한다. 매일 짐을 싸서 옮기는 일은 렌터카로 여행을 한다고 해도 쉽지 않다. 하루 관광하는 도시라고 하면 도착하는 날, 출발하는 날은 짐을 챙기고 교통편으로 이동하는 시간을 생각하면 온전한 하루만 관광이 가능하다.

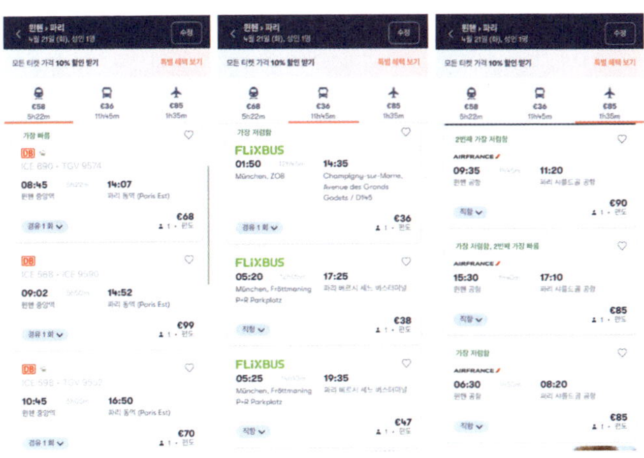

버스, 기차, 비행기 비교

숙소의 비용에 얼마나 투자 할 것인지를 확인해 리뷰를 잘 읽어 보고 결정한다. 독일이나 스위스 같은 나라는 싸고 별이 낮아도 청결한 곳이 많아 별이 낮거나 저렴해도 불편이 적다. 내가 가고자 하는 나라가 쾌적하고 시골의 거리도 깨끗하다면 그 나라 대부분의 숙소도 비슷하다고 본다. 파리에 에펠탑이 보이는 위치를 보고 비엔비를 예약했는데 청결도에 문제가 있어서 힘들었던 경험이 있다. 차량의 소유 유무에 따라서 호텔의 위치가 달라지기도 한다. 숙소의 종류에는 호텔, 에어비엔비, 민박, 유스호스텔 등으로 나눌 수 있다. 나만의 프라이버시가 중요하다면 호텔이나 에어비엔비를 추천한다. 각 숙소별 장단점과 체크해야 할 사항을 살펴 보자.

호텔

장점: 별의 숫자에 따라 규모 확인이 가능하다. 늦은 시간 체크인이 가능하다. 청소, 조식 서비스 제공 단기간 숙박에 편리하다.

주의 사항: 차량이 있을 경우 주차가 가능한지, 편리한지 확인한다.

Airbnb

장점: 여러명이 지내기에 좋다. 음식을 해 먹을 수 있다. 구도시의 경우 대부분 여행의 중심지에 있다. 호텔보다 저렴하다.

단점: 셀프 체크인이 많아 늦은 체크인은 피한

다. (주인과 잘 연결이 되지 않을 수도 있고, 숙소를 찾기 어려울 수도 있으므로 비엔비 예약시 가능하면 늦지 않게 체크인 한다). 시내에 있는 에어비엔비는 보통 주차장이 없다. 퇴실 시 주인이 요구하는 사항을 확인 해야 한다. (예 쓰레기 정리) 최소 2박이상시 추천한다.

리뷰를 꼼꼼히 확인해야 한다.

주인의 연락처를 반드시 가지고 있어야 한다.

(호스트와 연결되는 sns 를 확인한다. 한국은 카톡, 중국은 위쳇, 유럽은 왓츠업 (Whats App) 을 많이 쓴다. 에어비엔비를 이용하거나 현지인과 대화해야 할 경우 일부 현지인은 한국인이 쓰는 카톡을 쓰기도 하지만 그 지역에서 많이 쓰는 소셜네트워크를 사용 해야 바로 답장을 받을수 있다.)

민박(한인)

장점: 가격이 저렴하다. 여행 정보를 얻기 쉽다. 아침 식사를 제공해 준다. 혼자 또는 여행 경험

이 많지 않은 경우 추천한다.

단점: 개인생활 힘들다. 공용 욕실을 사용한다. 몇인실인지 확인해야 한다. 후기를 자세히 읽어 보아야 한다. (민박이 많은 곳은 주인의 성격에 따라 청결도, 식사 등 서비스가 차이가 크다.)

유스호스텔

장점: 가격이 저렴하다. 여행 정보를 얻기 쉽다. 외국 친구를 사귀기 싶다.

단점: 방을 공유한다. 물품을 잘 보관해야 한다.(도난 조심, 여권은 소지하고 다닌다)

특징: 젊은 사람들이 많이 이용한다.

여행지에 따라 반드시 예약을 해야 하는 장소나 활동이 있다. 심지어 6개월 전에 예약을 해야 하는 곳도 있다. 가려고 하는 나라가 정해 졌다면 그곳에 반드시 예약을 해야 하는 곳이 있는 지부터 확인하자. 공연이나 운동경기도 반드시 체크해야 한다.

평생에 한번이 될 수도 있는 방문에 예약을 하지 못해 볼 수 없다면 속상할 수 밖에 없다. 예를 들면 빈필하모닉의 연주를 보고 싶다면 빈 필하모니의 사이트에 들어가서 스케쥴을 확인한다. 유명한 팀들은 원정 경기, 외부 공연이 더 많기 때문이다. 공연장이 보고 싶은 것인지, 오케스트라의 연주가 보고 싶은 지의 체크도 중요하다. 유명한 공연홀, 경기장은 가이드 투어로 내부를 구경할 수 있다.

 입장권

관광지 대부분은 현장에서 티켓을 구입 할 수 있지만, 오래 기다리거나 미리 예약해야만 하는 곳도 있다. 자주 갈 수 있는 곳이 아니니 반드시 체크해서 못 보고 오거나, 기다리는데 상당한 시간을 소비 할 수 있으니 예약 가능여부를 확인하자.

이태리 밀라노 산타마리아 델레 그라츠에 수도원 식당에 있는 레오나르도 다빈치의 걸작 최후의 만찬은 벽화로 점점 색이 바래지고 있다. 이 걸작을 예약을 하지 못해 세번 방문만에 볼 수 있었고, 네덜란드 암스테르담의 안네 프랑크의 집은 두시간 이상 줄을 서서 기다렸다. 뮌헨 근교의 퓌센에 디즈니의 모토가 된 성 노이슈반스타인성에 겨울 방문시 비성수기라고 생각해 현장예매를 계획했다, 몇시간을 기다려 거의 마지막 입장료를 구입할 수 있었다. 우리 뒤쪽에 있던 사람들은 몇시간 동안 줄을 섰으나 표가 다 팔렸다고 그냥 돌아가라고 했다. 표가 매진될 것 같으면 미리 알려줄텐데, 무심한 독일 사람들은 줄을 마냥 기다리게 하고 마감했다고 하니 먼 곳까지 와서 몇시간을 기다리고 표가 없다고 가라고 하면 얼마나 난감할까? 퓌센은 뮌헨에서 기차로 두시간 걸린다. 산길이라 운전을 해도 거의 비슷한 시간이 걸리는 곳이다. 퓌센을 방문한다면 최소한 노이슈반스타인 성은 반드시 들어가보기를 추천한다. 예술적이고 감성적이였던 루드비히왕이 본인만을 위해 지은 그 공간은 그당시에는 미치광이로 보여졌고, 지금은 바이에른 주 최대의 관광지가 되었다. 성의 예약은 3일전 까지만 인터넷으로 가능하다. 백조의 호수도 걸어 보면 하루가 짧다. 내가 볼 관광지 또는 액티비티가 예약을 해야 하는지, 몇일 전 까지 예약이 가능한지 꼭 확인하자.

반드시 예약해야 하는 장소 예시

밀라노 레오나르도 다빈치의 최후의 만찬,
독일 퓌센 노이슈반스타인 성,
네덜란드 안네프랑크의 집,
피렌체의 두오모 성당,
바르셀로나 성가족 성당

두오모 성당에서 본 시내 모습

공연 또는 액티비티

　여행은 그 나라를 경험할 수 있는 가장 좋은 방법이다. 유명한 관광지만 보고 돌아오는 여행보다는 그 나라 현지인들이 하는 활동을 해 보자. 클래식이나 오페라는 1600년대 이후 유럽의 왕과 귀족들이 주로 즐겼다. 우리나라에서는 대중이 접근하기 쉽지 않은 클래식 공연이나 전시가 유럽에서는 쉽게 경험할 수 있고 가격도 합리적이다. 세계적으로 유명한 빈이나 베를린 필하모닉 공연은 날을 맞추기 어렵지만, 일반적인 클래식 공연 또는 오페라는 쉽게 표를 구해 감상 할 수 있다. 꼭 큰 공연장이 아니더라도 괜찮다. 과거로 돌아가 귀족이 되어 보자.

　가장 예약하기 힘든 공연은 바이로이트의 바그너 페스티벌이었다. 보통은 비싸지만 암표가 있는데 바이로이트에는 암표도 없다. 표 구입사이트에도 없고, 현장 대기에도 없었다. 독일의 총리 메르켈을 비롯 많은 유명인사들이 방문하는 공연이다. 나는 결국 표를 구하지 못하고 바그너 페스티벌이 열리는 바이로이트에서 2박을 하면서 주변 분위기만 살피고 대기했다. 바그너가 오로지 오페라만을 위해서 만든 공연장이라고 하니 더욱 더 궁금해 지고 나의 버킷리스트로 남겨 놓았다. 페스티발 기간이 아니면 평소에는 공연장의 둘러 보는 가이드투어가 있다. 오페라 축제 답게 관람을 오는 사람들의 모습이 화려하다. 음악을 좋아하거나,

유로파리그 관중

바그너를 좋아하는 사람은 일년 전에 예약해야 한다. 유럽에는 유명한 축구리그들이 많다. 축구를 좋아하는 자녀가 있다면 아니 좋아 하지 않더라도 스페인, 영국 독일과 같이 축구에 열광하는 나라를 방문한다면 현장의 경기를 관람하는 것은 특별한 경험이고 그 나라 사람을 이해 하는 방법이다. 스페인사람들은 할머니도 축구를 좋아하는데 바르셀로나에서 레알 마드리드 팀의 옷을 입거나 응원 했다간 몰매를 맞을 수도 있다. 나는 축구를 좋아하지 않지만 가족들의 성화에 스페인에서 메시가 뛰는 바르셀로나 팀의 경기를 비롯해 꽤 여러 유럽축구를 관람했고 축구를 사랑하는 아이들도 조금은 이해할 수 있었다. 물론 모든 유럽사람들이 축구를 좋아하지는 않지만 축구에 대한 그들의 애

정은 느낄 수 있었다. 멋진 장소를 보는 것도 좋지만 이런 특별한 체험은 여행을 풍성하게 해 주고 오래 기억에 남는다. 스페인의 경우 경기가 변경되거나 취소 되는 경우가 많아 현지 예약이 생각보다 쉬웠다.

방문하고자 하는 장소 또는 그 지역의 유명한 액티비티 또는 페스티벌은 반드시 체크해 보도록 한다. 특히 중고생의 자녀와 여행을 한다면 부모가 자녀에게 시켜 보고 싶은 것이 아니라 자녀 스스로가 좋아하는 것을 찾아서 예약해 보게 시키면 여행의 동기 부여도 되고 성취감도 생긴다.

 현지 지식 가이드 투어

1) 한국 현지 지식 가이드 투어

패키지 투어를 하는 이유는 걱정없이 모든 장소를 데려다 주기도 하지만 장소에 대한 설명을 해주는 장점이 있다. 유럽은 역사적인 장소나 박물관 처럼 가이드가 있으면 풍성해 지는 장소가 많아 지역가이드의 종류도 다양하다. 좋은 지역가이드를 만난다면 여행의 좋은 친구와 선생님을 동시에 얻는 효과가 있다.

자전거나라(지역가이드 전문회사)를 선두로 마이리얼트립과 같은 회사가 개인을 연결시켜 주는 가이드 투어가 있다. 인기 관광지, 로마 같은 곳은 6개월 전에도 마감되니 여행 장소가 결정되고 한국의 휴일이 속해 있을 시기에 가이드 투어를 원한다면 일찍 예약해야 한다.

2) 외국의 가이드 투어(무료)

유럽의 여러 도시에 무료로 그 도시를 소개해 주는 Free walking tour (무료 가이드 투어)가 있다. 도시 별 가이드는 대략 2~3시간 정도 소요되고 팁만 주면 된다.

가이드는 대부분 자원 봉사나 파트타임으로 일하다 보니 가이드의 수준은 일정하진 않으나 꽤 열정적이고 역사에 해박한 가이드들도 많이 있다.

자녀를 동반한 여행에서는 활용해 보면 그 도시의 중요한 역사적 배경, 장소 또는 숨겨진 이야기 등을 2~3시간 정도 설명해 준다. 꽤 많은 유럽 도시에서 프리 워킹 투어에 참여 해 보았는데 (베를린, 코펜하겐, 뮌헨, 마드리드) 같은 투어라 하더라도 가이드에 따라 내용의 수준이 다양했다. 그룹에 참여 하는 사람의 숫자가 때에 따라 다르고 무료이다 보니 그룹내 참여자가 많으면 잘 따라 다녀야 한다. 가이드 종료시 팁을 준다. 최근 에어 비엔비에서도 지역 관광 또는 음식 투어 외에도 다양한 활동들을 진행 하고 있지만, 가격이 다소 비싸거나 신뢰성에 대해서 검증은 확실 하지 않다. 인기 있는 지역의 지역가이드는 몇 달 전에 예약해야만 한다.

한국

www.eurobike.kr

외국

www.neweuropetours.eu

(Free walking tour가 많다)

또는 도시별 Free walking tour 로 검색한다

예 : Madrid Free Waking tour

무료 가이드 투어는 요일이 정해져 있고 언어는 영어와 스페인어 중에 선택 할 수 있다. 에어비앤비를 활용하면 그 나라의 문화를 좀 더 다양하게 체험할 수 있다.

Free guide tour

1) 체크리스트

여행의 루트가 정해지고 예약해야 하는 사항도 마쳤다면 여행에 반드시 해야 할 준비는마쳤다. 이제 여행 전까지 구체적인 여행 방법을 알아보자. 한국 사람들은 정말 부지런하다. 호텔, 여행지, 식당 리뷰도 잘 달아 놓는다. 이름을 확인하면 한국사람이 남겨 놓은 정보인지 알 수 있다. 모든 리뷰는 반드시 3개 정도는 참조하자.

방문하고자 하는 곳이 대중교통이 발달 되어 있는지 아닌지는 인터넷 검색으로 쉽게 알 수 있다. (도시이름) 대중교통(예:베를린 대중교통) 이라고 입력하면 일반적으로 자세히 설명해 놓은 블로거들이 많다. 대체적으로 선진국이라고 생각하는 나라는 대중교통이 발달 되어있다. 변화가 있을 수 있으니 가장 최근 업데이트 되어있는 내용(최근 1년이내)을 중심으로 살펴본다. 나라마다 다르지만 1회권 보다는 할인권이 있는지 확인한다. 보통 1일권 3일권 등 기간(독일, 오스트리아, 체코 등)으로 나누거나 1회, 10회 (스페인, 프랑스) 등 회수로 구분한다. 1회권은 상당히 비싸지만 옵션을 선택하면 비용이 저렴해진다.

표를 검사 하지 않는 나라도 있다. 독일과 체코는 검표원도 없고, 통과하는 게이트도 없이 대중교통(지하철, 트램 버스)을 탄다. 이런 곳들은 무임 승차 검사 시 걸리면 벌금이 크다. 표에 날짜가 적여 있지 않다면 타는 곳으로 들어가는 입구 또는 승강장에 날짜를 찍는 기계가 있다. 티켓을 구입했다고 해도 사용하는 날짜를 정할 수 있기 때문에 제지 하는 사람이 없어도 본인이 확인해야 한다. 현지인들은 무임승차를 하는 경우가 드물어 외국인들 위주로 검사하고 외국인이라고 봐 주는 일은 없다. 로마에 가면 로마의 법을 따라야 한다. 독일은 2~5명은 지하철 그룹권으로 표 한 장만 사면 된다. 뮌헨이 포함된 바이에른 주의 모든 기차를 탈 수 있는 바이에른 티켓은 1인 25유로로 시작해 2명~5명까지는 6유로 정도씩 추가 하면 된다. 유럽의 대중교통은 대체적으로 구글지도에도 잘 나와 있다. 그러나 100프로 다 나오는 것은 아니므로 현지 대중교통의 어플을 다운해야 하는 도시인지 별도로 확인한다. 광고성 내용을 올리는 블로거들도 있으니 글 쓴 사람의 의도를 살펴 광고에 속지 않는다.

오래된 도시에는 트램이 많다. 독일, 체코, 오스트리아, 헝가리, 이탈리아 외에도 역사가 오래된 대도시에는 트램이 도심을 관통한다. 골목이 좁고, 가파른 포르투갈 리스본의 트램은 좋은 교통수단이자 관광수단의 대표적인 예이다. 트램은 시내 구석 구석을 걷지 않고 자세히 볼 수 있어 트램이 있는 나라에서는 꼭 트램을 타 본다. 패키지 여행을 하면 할 수없는 경험이다. 일반적으로 데

리스본 트램

이티켓(Day ticket)으로 시내 모든 교통편을 이용할 수 있다.

절약팁: 티켓구입시 도시별 할인 티켓이 있는지 확인한다. (기간별 이용권, 횟수이용권)

각 지역별 관광카드: 각 지역 교통, 관광지 일부 무료 또는 할인 혜택(예 스위스카드, 잘츠부르크 카드)

지역별 교통 카드: 바이에른카드(바이에른 전 지역을 이용가능 하고. 국경지역까지 해당 된다. 2~5인은 인당 6유로만 추가하면 된다.

장점: 입장료 할인 또는 무료 혜택이 있다.

단점: 바삐 다녀야 한다. 하루에 많은 곳을 보지 않는다면 실제로 이익이 되지 않으니 몇 곳 을 다닐 수 있는지 가성비 확인을 한다.

잘츠부르크 카드, 바이에른 카드

2) 반드시 챙겨야 하는 것

a) 예약내역 프린트와 저장

요즘은 핸드폰에 모든 내용을 다 저장하고 다니 지만 한 곳에만 저장하지 않고 프린트 하고, 드라 이브에도 백업해 둔다. 유럽은 생각보다 훨씬 과

거의 방식을 고수하고 있다. 산토리니에서 호텔 찾는 걸 도와준 현지 음악가도 노키아 최초 버전의 2g 폰을 사용하고 있었다. 굳이 새로운 기계로 바꾸지 않는 사람이 많다. 호텔에서는 아직도 예전 방식의 돌리는 열쇠를 사용하는 곳이 많다.

b) 유심카드 또는 데이터

유럽은 요즘 나라별 데이터 구입이 필요없이 한 나라의 데이터만 있으면 여러 국가에서 사용이 가능하다. 데이터 공유 가능한 에그는 5개의 기계까지 동시에 접속이 가능하나 같이 있을 경우만 데이터 이용이 가능하다. 어떤 것이 더 유용한지, 가격이 합리적인지 비교해 선택한다.

c) 비상약품(해열제, 비타민, 밴드)

도심에 약국이 많지만, 문을 일찍 닫거나 주말에 영업하지 않는 곳이 있고, 외곽이나 산에 가면 바로 구매가 어렵다. 이태리 돌로미티 코르티나 담배초 산장에서 숙박할 때 남편이 머리가 아프다고 해 산장에 열약이나 감기약 없냐고 물었더니 '자기가 필요한 건 자기가 챙겨야지' 이렇게 답변했다. 철처히 개인 주의구나 하는 생각이 들었다. 호텔이 아닌 이상 각자의 안전, 건강은 각자의 몫이다. 많은 것을 챙겨 가기 보다는 꼭 필요한 것들을 최소한으로 챙기자. 한국에서부터 가져가진 않아도 유럽에 좋은 약이 많으니 대도시에서 구매한다. 영양제도 챙기자.

d) 비상 연락처

비상시 연락할 수 있는 현지 연락처를 하나 정도는 가지고 있자. 자유여행은 늘 변수와 맞선다. 위기 대처 능력을 쌓아 갈 수 있는 기회가 되기도 하면서 기대하지 못한 일로 인해 더 새로운 경험을 하기도 한다. 작은 일이라도 위기 대응 능력이 쌓이면 자신감이 생겨 다른 일을 도전할 수 있는 용기가 생긴다. 나이가 들었다고 포기하면 안된다. 오늘이 내가 살아갈 가장 젊은 날이다.

e) 그외 준비하면 좋은 것들

여행을 할 때 가져가면 좋은 것들은 어떤 것들이 있을까? 한국인에게는 역시 한국 음식이다. 외국에 가면 그 나라의 문화를 경험해야 한다고 무조건 10일동안 그 나라의 음식만 먹어야 된다고 생각하지 않아도 된다.

현지 음식을 먹어보는 일은 좋은 여행 경험이지만 본인의 식성을 고려해 잘 상하지 않거나, 냄새가 많이 나지 않은 캔을 준비해도 좋다. 음식은 스트레스 해소에도 영향을 미친다.

나의 성향에 맞춰 장기간 여행이라면 라면, 김, 고추장 같은 것을 준비해도 좋다. 김치를 꼭 먹어야 한다면 캔 김치를 추천한다. 비행기 핸드캐리만 하지 않는다면, 냄새도 거의 나지 않고 보관도 간편하기 때문이다. 장기간의 여행이고 에어비엔비와 같은 숙소에 머물게 된다면 찌개도 끓여 먹을 수 있다.

3) 여행 시 알아 두면 좋은 정보들

면세정보를 잘 확인하라.

비록 고가품을 사지 않더라도 유럽은 택스환불이 잘 되어있다. 나라 마다 규정이 다르고 품목마다 돌려 받는 비율이 다르나 생필품이 아니면 10~12프로 돌려 받을 수 있다. 유럽의 조건이 모두 같지 않다. 100유로 이상의 물건만 환급이 되는 나라도 있지만 독일은 50 유로만 사면 세금 환불이 된다. 내가 최종 출국하는 나라에서 관세를 환급 받아야 하므로 최종 출국하는 공항의 출국장 환급 장소 및 절차를 잘 확인한다. 프랑스 파리나 이태리 같이 여행자가 많고 쇼핑을 많이 하는 나라는 환급을 받고자 하는 사람도 많으니 반드시 일찍 공항에 가야 한다. 같은 장소라 하더라도 시간이나 비행 스케줄에 따라 매번 같지 않으니 설명해 놓은 블로그를 참조 한다. 나의 비행시간이 새벽 또는 늦은 저녁 택시 도장을 받을 수 없는 시간일 경우에는 시내에 환불 받을 수 있는 곳을 이용한다. 출국장에 따라 더 간편할 수도 절차에 걸리는 시간이 길 수도 있다.

화장실

화장실은 보이면 미리 가자. 유럽에는 나라 마다 화장실 찾기 어렵거나 유료로 이용해야 하는 곳이 많다. 비용을 지불하려면 동전이 있어야 하니 또한 번거롭다. 식당에 가거나 박물관 등 쾌적하게 화장실을 사용할 수 있는 곳이라면 갈 수 있을때 다녀오자.

식사관련(물과 팁)

우리나라는 어디서 나 물을 준다. 그러나 유럽은 물이 맥주보다 비싸기도 한 나라도 있 고 물이 맑아서 어디든 물을 그냥 주는 나라도 있다. 이태리와 같은 나라에서는 식사에 빵을 무료로 주지만 독일은 공짜가 없다. 기본적인 것도 우리와 상식이 다르므로 내가 여행하고자 하는 나라에 대한 식사 습관을 미리 알아보고 가자. 식사는 그 나라 사람들의 문화를 알 수 있 는 과정이다. 식사 시간도 나라마다 다르다. 프랑스 스페인은 저녁식 사 시간이 무척 늦다. 보통 5시 반이면 시작하는 우리와는 달라도 너무 다르다. 특별히 스페인은 더 늦다. 저녁 식사를 괜찮은 식당에서 하려면 시작하는 시간을 꼭 확인해야 한다. 하루 정도는 현지인이 되어 관광객의 복장이 아니라 완벽한 정장은 아니더라도 잘 차려 입고 분위기를 가져 보면 어떨까? 양식이 비싼 한국에 비하면 괜찮은 값에 Formal 한 식당에서 식사가 가능하다.

나라별로 팁을 꼭 주어야 하는 곳과 아닌 곳이 있다. 미국과 캐나다는 최소 15프로를 반드시 주어야 하지만 유럽은 특별히 주어야 하는 비용이 없다. 특히 프랑스와 이태리에서는 팁을 꼭 줄 필요가 없다. 내가 가는 나라의 상황에 맞춰 잔돈 또는 약간의 성의 표시를 하면된다.

외국 여행에서 식사를 주문하는 일은 쉽지 않다. 한 끼 정도는 적당한 식당을 찾아 음식을 시키는 시간을 아끼지 말자. 식문화 속에서 그 나라를 배우고 경험 한다. 요즘은 사진이 잘 나와 있고 식당마다 리뷰에 사람들이 즐겨 먹은 메뉴가 이미지로 나와 있으니 참고 하자.

시즌별 오픈시간(동계 하계)

산과 호수 자연이 아름다운 지역이 많다. 오픈 시간을 동계와 하계로 나눠서 운영하는 곳이 많으니 개방시간을 확인하고 가자.(보통 4~10, 11~3 오픈 시간이 변경 되는 곳이 많다) . 프로방스 지역에 라벤다를 보러 간다고 하면 6,.7 월에 가야 하듯이 내가 가고자 하는 장소나 활동이 그 시기에 있는지 확인해 본다.

짐 보관소

대부분 중앙역 부근에 짐 보관소가 있다. 내가 머무는 장소에서 체크아웃을 하고 그 지역을 출발하는 시간이 늦다면 짐 보관소가 있는 곳을 잘 활용하자. 무거운 짐을 끌고 돌아 다니는 것은 내가 관광객임을 보여주기도 하고 실제로 이동에 제약이 많다. 중앙역 부근은 대중교통도 잘 발달 되어 있어 이동도 쉽다. 나는 함부르크에서 기차를 타고 코펜하겐으로 이동할 때 함부르크 중앙역 보관소를 이용했다. 함부르크 보관소는 빈 곳이 없어서 빈 보관함을 찾느라 시간이 걸리긴 했지만 함부르크 구시가지가 중앙역에 아주 가까이 있어 편하게 다닐 수 있었다.

인터넷 검색어 - 함부르크 짐 보관 또는 락커

4) 성공적인 여행을 위한 팁

a. 완벽한 여행보다 즐기는 여행

자유여행의 장점은 내가 계획하고 조절할 수 있다. 장소를 찾아가다 보면 실수 할 수 있고, 헤맬 수도 있다. 우리나라 사람들은 완벽주의자가 많아 예상대로 잘 안되면 화도 나고 불안하다. 처음 하는 여행이 완벽할 수가 없다. 아니 여행을 수없이 해 봐도 새로운 곳은 늘 비슷하다. 기차를 놓치기도 하고, 숙소가 맘에 들지 않기도 하며, 밥을 굶을 수도 있다. 아프지 않고 건강하기만 하다면 다른 건 다 괜찮다.

완벽한 여행을 기대하기 보다는 만들어가는 여행을 하자. 계획과 조금 달라져도 된다. 나는 여행을 다니며 고은 시인의 '그 꽃'을 자주 읊었다. '내려갈 때 보았네 올라갈 때 못 본 그 꽃' 똑 같은 길이라 하여도 갈 때와 올 때의 방향에 따라 보이는 것이 다르다. 유럽의 거리를 걷는 것을 매우 좋아하는데 다른 나라에서는 거리를 걷는 것이 위험하기도 하고 이동 장소가 멀기도 한데 유럽의 올드타운은 볼거리가 모여있고, 옛스러움이 가득하다. 아테네에서 2000년전 소크라테스가 걸었던 길을 걷는다고 생각하니 기원전 5세기로 돌아간 듯 했다. 자유여행이 아니면 절대 누릴 수 없는 순간들을 자유여행으로 즐겨 보아야 할 이유이다.

루소는 저서 에밀에서 자연경관을 즐기며 혼자서 하는 도보 여행을 이렇게 예찬했다. <나는 말을 이용하는 여행보다 더 좋은 방법을 하나 알고 있는데, 바로 걸어서 하는 여행이다. 언제든 원할 때 출발했다가 멈출 수 있고, 또 원하는 방법으로 여행할 수 있다. 오른쪽, 왼쪽 눈길을 유혹하는 모든 것을 구경할 수 있고, 원할 때 멈춰 서서 관찰할 수 있다. 강을 만나면 강변을 따라 걷고, 숲을 만나면 그늘 아래서 쉰다⋯.. 그저 사람이 다닐 수 있는 길이면 되고, 사람이 볼 수 있는 건 무엇이든 볼 수 있다. 내 마음대로 인간이 누릴 수 있는 모든 자유를 누리면 된다.> 인간만이 할 수 있는 어슬렁 거릴 수 있는 여행을 꼭 한번은 즐겨보자.

. . . .

b. 예상치 못한 일에 대한 긍정적 태도

여행을 하다 보면 천재지변, 현지 상황으로 수많은 이변이나 예상치 못한 일들이 발생한다. 지나고 나면 힘들었던 일이 가장 기억에 남고, 미래에 다른 일이 생겨도 조금씩 여유를 갖고 대처할 수 있는 백신과 같다. 이 때 필요한 것은 긍정적인 자세이다.

여행 중에는 늘 변수가 있다. 지인이 독일에 놀러 와 뮌헨공항으로 마중을 가는길이였는데 전철에 문제가 생겼다며 노선을 운행하지 않았다. 말이 통하지 않는 낯선 곳에서 마중나오는 사람이 나오지 않을 때 얼마나 당황 스러울까? 카카오 톡으로 표를 끊는 방법을 설명해 주었고, 언니는 혼자 표를 끊고 여러 사람의 도움으로 전철 노선 중간에서 만났다. 여행은 이렇게 혼자 사는 세상이 아니란 걸 배우게 한다. 언니도 여행에 자신감이 생겼다. 한번은 지명 중간에 s 자를 넣지 않아 남쪽으로 가야 하는데 북쪽 반대방향으로 두시간이나 운전해 갔다. 지명의 알파벳도 위치도 미리 잘 확인하고 출발해야 한다. 가면서도 위치가 맞는지 다시 확인할 필요가 있다. 기차를 탈 경우 플랫폼의 변경이 자주 있으니 열차 번호나 도착지 스펠을 확인한다. 영어에 능통하지 않더라도 글씨를 읽을 수 있다면 대부분 잘 찾을 수 있다. 설사 기차를 놓친다 해도 절대 당황하지 말고 방법을 찾으면 된다. 언제나 도와주는 사람이 있기 때문이다. 가장 중요한 일은 당황하지 않는 일이다.

c. 현지인처럼 즐기기

외국사람들의 여행에서 배운 점은 현지인 보다 더 즐기기 이다. 옥토버 페스트를 예를 들어보면 나이가 많으신 분들도 젊은 사람과 똑같이 현지 복장을 하고 즐긴다. 물론 현지 사람들 처럼 입고 즐기려면 구입해야 하는 의상 또는 악세사리들이 한번 입고 버리기에는 아까울 수도 있다. 그러나 여행을 진심으로 즐기려면 사소한 비용을 아끼지 말자. 두 번 다시없는 기회이다. 한국사람들이 여행 할 때 편하다고 등산복을 많이 입는다는 사실은 여러 매스컴에서도 나온 이야기 이다. 특별히 예절과 귀족 중심의 문화를 가지고 있는 유럽에서 여행객처럼 다니지 말고 현지인인처럼 때론 중세의 귀족처럼 준비하고 즐겨 보자.

편하다고 한가지 스타일의 의상만 입지 말고, 내가 공연을 보러 간다면 현장에 어울리는 의상을 준비해 보자. 굳이 옷을 챙기기 싫다면 간단한 스카프나 숄(shawl) 한 장 준비해서 두르면 분위기가 달라진다. 스페인 그랜드카나리아섬에 하루 두끼 식사가 포함된 유럽 현지 그룹투어를 조인한 적이 있다. 저녁식사엔 꼭 정장에 준하는 복장을 입어야 한다. 해변가지만 절대 슬리퍼를 신으면 안된다. 유럽여행시엔 무겁지 않은 간단한 정장 의상 한 벌 정도 준비해 보자.

현지인들의 생활 모습을 살펴 보자. 관광지만 보지 말고, 현지인들이 먹고 입고 사는 모습을 보자. 독일에서 집을 고칠 때 먼지 하나 나오지 않게 처리하는 모습이 인상적이었다. 바로 도움이 되지 않더라도 많이 보고 경험하는 일은 돈으로 살 수 없는 가치이다.

d. 나만의 여행을 하자

남에게 보여주는 여행은 하지 말자. 나도 유럽 다녀왔어 라고 말 하는 여행이 아니라 나만의 여

행을 계획하고 실천해 보자. 유명한 곳을 많이 보기 위해서는 패키지 여행을 다녀야 한다. 자유여행은 많이 보는 것보다 많이 느끼고 즐기는 여행이다. 내가 여행하는 장소, 나라에 대해 간단하게라도 공부하고 떠나보자.

같이 간 사람과의 좋은 관계를 갖는 것은 많은 것을 보는 것 보다 중요하다. 다소 의견 차이가 있더라도 식성이 다르더라도 함께 맞추면 여행이 힘들어도 즐겁다. 약 500년 전 사절단의 일원으로 여행을 떠났던 연암 박지원은 청심환을 챙겨 다니면서 사람들에게 나누어 주기도 한 경험담을 열하일기에 썼다. 그는 유쾌하고 명랑한 사람으로 우리도 이런 동반자가 되어 여행을 한다면 열하일기와

더 많이 보는 것보다 즐거운 추억을 쌓자. 자유여행을 가보지 않은 사람이 자유여행에 대해 논할 수는 없다. 내가 계획한 자유여행은 한번쯤 꼭 해볼 만한 가치가 있다. 주변의 도움을 조금 구한다면 역할을 조금 씩 나눈다면, 서로 이해한다면 유럽 자유여행은 가능하다.

a. 소매치기

여행에서 소매치기나 도난을 당하면 그 여행에 대한 기억이 나빠진다. 고생과 도난은 차원이 다르다. 미국도 뉴욕이나 시카고 같은 대도시에 소매치기가 많듯이 유럽은 유명한 곳일수록 더 소매치기가 많고, 여자들의 경우 팔목에 팔찌를 걸어 주고 돈을 달라고 하는 경우도 있다. 절대 물어 보지 않았는데 지나치게 친절하거나, 남이 그냥 주는 물건을 받는 행위는 삼가 한다. 내 물건도, 특히 여권이나 지갑은 앞으로 매자. 무서운 범죄는 아니니 너무 걱정할 일은 아니다. 가장 심한곳은 파리, 밀라노, 마드리드, 바르셀로나와 같이 관광객이 많은 도시이다. 여권은 잃어버리면 이후 일정이 복잡하다. 가방만 앞으로 잘 매면 일반적으로는 도난을 피할 수 있다. 혹시라도 여행 중에 이런 일이 생긴다고 해도 가능하면 빨리 잊고 해결방법을 찾는 것이 피해를 최소화 하는 방법이다

b. 환전 또는 현지 통화

유럽의 모든 나라가 유로화를 쓰지 않는다. 유로화의 경우는 비용이 좀 남아도 언제든 쓸 수 있으니 상관이 없으나 유로화를 쓰지 않는 나라(헝가리, 체코 외)는 환전을 해야 한다. 환전은 최소로 하고, 카드가 잘 사용 되는지 확인한다. 카드는 정식으로 물건을 파는 곳(식당 포함)이 아니면 사용하지 않는다. 현금 인출기도 정식 은행이나 믿을 만한 장소만 이용하자. 참고로 독일은 소액 카드 결제가 안되며, 식당도 현금만 받는 곳이 많다. 여행지에서 현금을 준비하지 않아 식사를 못하는 경우가 있다.

그 지역 화폐 단위는 알고 가자. 예를 들면 체코에서 환전을 했는데 헝가리 지폐를 주는 경우가 있다. 외국 사람들이 그 나라 지폐를 잘 모르다 보니 그 점을 이용하기도 한다. 환율만 보지 말고 현지 화폐의 모양 정도는 체크해 보고 믿을 만한 곳에서 환전 해야 한다.

외진 곳에 있는 숙소 또는 에어비엔비는 늦은 시간에 도착하지 않는다. 뷰가 좋은 산꼭대기에 있는 숙소나 민박은 찾아가기 어렵거나, 늦은 시간 체크인에 어려움을 겪을 수 있다. 도착하는 시간이 늦거나 너무 빠르다면 프론트에 직원이 24시간 상주 하는 호텔인지 확인한다. 3월 말 프랑스 남부 베르동 협곡에서 묵은 적이 있다. 깐느, 니스를 둘러 보느라 시간이 늦었다. 유럽의 그랜드 케년이라고도 불리는 베르동 협곡은 말 그대로 협곡이었다. 한시간을 넘게 가도 마주치는 차가 없었다. 해는 어느덧 졌고 여자 셋이 렌터카로 숙소로 가는 길에 곰과 비슷한 이름도 모를 동물이 차 앞으로 다가와 섬뜩했던 경험이 있다. 숙소 도착 3분 전 까지 불 빛 하나 없이 캄캄했다 다음날 일어나 보니 운전하고 온 길은 구불구불 휘어진 낭떠러지 길이였다. 경치가 좋다는 리뷰만 보고 예약한 숙소 였는데 좀 더 자세한 위치와 주변을 확인했다면 가기 편한 곳의 숙소를 선택하던지, 숙소 도착 시간을 해 지기 전으로 계획 했어야 한다.

d. 타이트한 일정

　너무 타이트 하게 여행 일정을 잡지 마라. 자유 여행의 매력은 사색할 시간을 갖는 것이다. 빼기의 미학도 배워야 하고 더하기의 미학도 배워야 한다. 그냥 호텔방에 누워 있거나, 늦게 일어나는 여유가 아니라 어슬렁거리며 동네를 살펴 보는 여유, 관광 지만 보기에 급한 여행이 아니라 주위를 둘러보고, 환경을 감상하며, 우리와 다른 점이 무엇인가를 보려면 생각할 시간이 있어야 한다. 장소를 찾아다니는 과정도 생각 보다 쉽지 않다.

　한 도시 하루 관광은 최소 이틀 숙박, 꼭 명심하길 바란다. 템포를 잘 조절 하자. 빠르게 여행해야 할 곳과 여유를 갖고 돌아 볼 곳을 나누어 보자. 일정이 좀 빡빡할 경우 호텔을 하루 정도는 비워 두거나 취소가 가능한 호텔로 예약하는 것도 방법이다. 24시간 전에 취소하면 취소 가능한 호텔을 선택한다. 가격이 싸다고 무조건 취소되지 않는 곳을 예약하면 특히 초보 자유 여행자는 여행이 버거워 질 수 있다.

4부

나만의 여행
계획해 보기

이제 실제적으로 여행을 떠난다고 생각하고 실전 연습을 해 보자. 코스는 일반적으로 많이 여행하는 나라인 스페인을 예로 들어 보겠다. (루트) 자유여행에는 정답이 없고 이 연습은 나의 여행을 참조 해 만든 것이니, 본인의 여행에 맞게 나만의 여행을 만들어 본다. 스페인, 이태리, 그리스는 하늘이 축복한 땅을 갖고 있다. 비옥한 땅과 좋은 날씨 덕분에 올리브, 와인 등 맛 좋은 농산물과 풍성한 해산물, 역사로 가득한 수많은 문화유산은 일년 열두달 관광객을 유혹하는 천혜의 자연환경을 갖추었다. 사계절 따뜻한 날씨 덕분인지 사람들의 성격도 낙천적이고 밝다.

가우디의 도시 바르셀로나, 파블로 피카소가 태어나고 자란 말라가, 패션의 도시 마드리드, 가슴아픈 종교핍박이 서려 있는 그라나다, 유럽의 발코니 네르하, 문화와 금융의 도시 세비야로 유명한 스페인, 유럽의 서쪽 땅끝 호카곶이 있는 리스본을 연결해 포르투갈까지 연결도 가능해 스페인을 여행하고 싶은 이유는 수만가지도 나열할 수 있을 듯하다. 앞장에서 언급했던 순서로 여행 계획해 본다.

1) 누구와 함께? (남편과)

2) 여행시기? (1월 말)

3) 기간은? (2주 이내)

4) 겨울에 여행하기 좋은 장소: 서유럽. 겨울에 다니기
   춥지 않고 먹을거리도 풍부하고, 물가도 비싸지 않고,

자연이 아름다우면서 역사적인 장소도 많다.

5) 꼭 하거나 보고 싶은 것

◇ 바르셀로나: 가우디의 건축물, 해산물, 손기정 선수와 황영조 선수가 뛰었던 몬주익 언덕 주 경기장. FC 바르셀로나 경기 또는 경기장

◇ 마드리드: 쇼핑. 피카소가 관장으로 있었던 세계3대 미술관 중 하나인 프라도 미술관, 돈키호테의 동상이 있는 스페인 광장

◇ 그라나다: 유네스코 세계유산(1984년)의 도시, 이슬람과 유대인 기독교인의 역사가 뒤섞여 있는 알함브라, 플라맹고쇼

◇ 옛 경제의 수도 세비야

◇ 축구 경기 (가능하면)

◇ 리스본 호카곶: 유라시아의 끝-스페인과 붙어서 스페인 방문 시 함께 보면 좋을 듯 했다.

✈ 도표에 정리해 보자

항공 바르셀로나 In, 리스본 Out/바르셀로나-말라가 이제 3장의 스마트한 전략을 실행해 보자.

누구와	남편
어디를	스페인 (포르투갈)
목적	바르셀로나 – 가우디, 몬주익 경기장 마그리드 – 쇼핑, 근교 톨레도 그라나다 – 역사 세비야 – 세계 3대 성당 호카곶 – 유럽의 서쪽 끝 스페인 음식 맛보기
여행기간	1~2월 중 2주간
예산 수준	중
무엇을 할까? (내가 좋아하는 것, 보고싶은 것)	레알마드리드나 FC 바르셀로나 시합 또는 경기장 관람, 프라도 미술관, 피카소가 태어나고 자란 곳이므로 피카소와 관련된 곳

루트		지도에 표시 (예약해야 하는 것은 색깔로 표시)
예약 리스트	항공	바르셀로나 IN, 바르셀로나 – 말라가
	숙소	바르셀로나, 마드리드 – 비엔비 말라가, 그라나다, 리스본 – 호텔
	교통	말라가(렌트), 그 외 기차
	활동	축구 시합/현지 가이드 투어/나스르 궁전(현지가이드 투어 예약시 확인)/플라밍고

		도착, 해산물
	바르셀로나	바르셀로나 1일 투어
		까사 바트요, 몬주익 및 시내 자유관광
	말라가	말라가 이동 (항공)
	그라나다 이동	네르하 (유럽의 발코니) 경유, 그라나다 야경
	그라나다	알함브라 가이드 투어(예약), 플라맹고 공연
	그라나다 출발	론다 경유 세비야 도착
	세비야	대성당, 스페인 광장
	말라가, 마드리드 이동	말라가 (차량 반납) – 마드리드 (기차)
	마드리드	톨레도(세고비야) – 현지 가이드 투어
	마드리드	마드리드, 프라도 미술관 가이드 투어
	마드리드	마드리드 시내, 밤 기차로 리스본 출발
	리스본	아침 리스본 도착, 차량 렌트, 호카곶
	집으로	리스본 아웃

1) 가고 싶은 장소 저장

구글지도에 스페인의 주요 도시를 확인하고 내가 갈 도시들을 표시해 놓는다. Tip 2 여행 계획을 무리하게 잡지 않는다. (초보자는 더 여유롭게). 처음에는 동선을 미리 표시 하지 말고 관심 장소를 저장해 놓는다. 새 목록으로 꼭 가야 할 장소, 가보면 좋을 곳을 구분해 저장하자.

아직은 동선을 정리 할 필요가 없다. 전체적으로 지도에 내가 가보고 싶은 곳의 동선이 어떻게 되는지 확인 가능하고 도시간 이동의 경로를 정할 수 있다.

여행 경험이 많아 지도를 보고 이동이 빠른 여행자는 일정이 타이트해도 다음 여정으로 넘어가기 쉽지만, 자유여행 초보자라면 변수가 많아 일정에 차질이 생길 수 있으니 시간의 여유를 두어야 한다. 우선 나는 여행 경험이 많으니 조금은 타이트하게 계획해 보았다. 주의할 점은 도시 별 이동을 고려해 한 장소 최소 2일 숙박을 권장한다. 하루만 관광하고 이동을 한다 하더라도, 숙소 도착 하는 날과 숙소에서 퇴실하는 날은 일정을 가능하면 넣지 않는다. 짐을 정리

하고 체크아웃 하는 시간은 생각보다 오래 걸려 여유를 두어야 한다. 한곳의 숙박이 하루 일 경우는 이동하다가 아무것도 보지 못하는 실수를 범할 수 있고, 여행이 힘들어 진다. (Rule1. 한곳에서 가능하면 2박 이상 숙박). 실제 자유여행 경험이 없던 시절 일정을 너무 빡빡하게 짜서 호텔을 날려 버린 적도 있다. 호텔비용을 생각해서 이동만 하다가는 제대로 보지 못하고 다니느라 피곤하기만 하다. 일정이 일주일 이상일 경우에는 한 곳 정도는 숙박을 예약하지 않고 비워 두어 늦게 예약하거나 캔슬이 가능한 호텔을 선택한다.

 Omio 와 구글 지도를 이용해 루트 짜기

도시간 교통편 체크해 대략의 이동노선 정하기

마드리드, 말라가, 바르셀로나 세 도시가 가장 대중교통이 발달 된 대도시라 기차로 이동하고, 말라가에서 차를 렌트해 대중 교통으로 가기엔 시간이 많이 걸리는 소도시론다는 세비야 가는 길에, 서유럽 남단, 유럽의 발코니라고 불리는 네르하 지역은 그라나다를 가는 도중에 거쳐가기로 했다. 바르셀로나와 마드리드는 대도시라 대중교통이 발달 되어 있어 차량을 렌트하지 않았다.

다른 사람의 여행을 참조만 하자. 아무리 좋아 보여도 첫째, 개인마다 성향이 다르고 둘째, 잘못된 정보가 있을 수 있으므로 나에게 맞는지 체크해 본다.

내가 거주하는 뮌헨에서 가까운 바르셀로나 IN, 리스본 OUT 으로 정했다. (항공권 구매) 스페인 항공은 바르셀로나 IN 리스본OUT 비용이 추가비용 없이 저렴했다. 주 목적지 는 스페인이기 때문에 동쪽에서 서쪽으로 이동하면서 리스 본은 맨 마지막에 방문하여 유럽의 서쪽을 보면서 여행을 마무리 했다.

✈️ 그라나다 이동방법

소도시인 그라나다의 이동 방법은 바르셀로나~그라나 다, 말라가~그라나다 두가지 방법이 있다. 오미오(Omio) 어플리케이션에서 바르셀로나 출발 그라나다 도착으로 검 색한다. 기차로 6시간 30분, 차로 8시간 30분, (버스는 15시 간) 비행기는 1시간 30분 걸린다.(Tip 비행기는 공항으로의 이 동, 체크인 시간을 고려하면 최소 3시간 정도 추가해 계산한다.) 낮에 기차로 이동 하기에는 시간이 아깝고 밤에 가기엔 여행 초기라 야간 기차여행이 힘들 수도 있고 시작부터 힘을 빼지 않는게 좋을 듯했다. 비행기는 시간은 짧지만 짐을 부치려면 추가비용을 지불해야 한다.

말라가에서 그라나다는 대중교통과 차량 이동 모두 1시간 30에서 50분 정도 소요된다. (나는 Omio 어플과, 구글 지도로 거리를 계산했다) 스페인의 중요한 도시중 하나인 세비야는 스페인의 서남쪽에 있다. 세비야는 세계 3대 성당으로 꼽히는 대성당이 있고, 예술 문화 금융의 도시라 꼭 방문해보고 싶은 도시 중 하나이다. 말라가에서 차를 렌트해 해안도로를 달리며 네르하를 거쳐 그라나다를 방문하고, 세비야(그라나다에서 2시간 35분 소요)로 올라가는 길에 론다 등 일부 도시를 보기로 했다. 대중교통이 불편한 소도시는 렌터카로 가면서 들리고 시간이 부족하면 생략한다.

여정이 스페인에서 끝내도 되지만 바로 옆인 포르투갈 여정을 추가해 보았다. 마드리드에서 리스본까지 밤 기차가 다니니 여행 막바지 하루 정도만 더 연장하기로 했다. 호텔비를 절약 할 수 있기 때문에 기차는 조금 편한 자리로 예약했다. 유럽에서 한번도 타보지 않은 밤기차에 도전해 보았다. 대강의 이동 경로가 정해졌다. 아직 표는 예약하지 않는다. 첫 여행 시작점과 마지막 점은 확정되어 있으니 스페인으로 입국과 출국 항공권은 먼저 구입한다. 중간 정착지는 계획에 따라 아직 수정이 가능하다.

여행지, 활동 정리

위의 여정은 2주간의 일정이다. 여행기간이 10일이라면 위의 장소 중에 과감하게 한 두 도시 생략해야 한다. 여행 초보라면 일정을 더 축소해야 한다. 효과적인 여행은 가고 싶은 곳을 다 가는 것이 아니라 이동하고, 보고, 느낄 수 있는 여유를 가져야한다. 오래 머무는 도시부터 그 지역의 관광지, 할 수 있는 액티비티, 지역가이드 투어의 필요성을 고려해서 대략의 계획을 세워 본다.

바르셀로나

바르셀로나 일정은 3박 4일이다. 트립어드바이저나 구글 네이버등을 고려하면 바르셀로나의 키워드는 가우디이다. 가우디의 성가족 성당, 구엘 공원, 가우디가 지은 다양한 건축물, 그중 까사바트요는 입장료가 비싸 망설였지만, 가우디의 작품을 보고 싶어 방문을 결정했다.

그외에 몬주익언덕과 올림픽주경기장, 해변가 등을 방문 하기로 예정했다.

숙박:에어비엔비 (시내에서 가까운 숙소)

Day 1 도착

Day 2 전일 가우디 투어 (유로자전거나라 현지투어)

Day 3. 자유여행 (몬주익 언덕. 까사바트요-가우디 건축한 집)

온전한 2일 관광하려면 3박이 기본이다. 여행에 있어서 빼기는 우리 몸의 힘 빼기와 같다. 여행장소를 정할 때, 반드시 가야 하는 장소는 별5, 가능하면 보고싶다는 별 3 으로 저장해 놓으면 동선을 정할 때 도움이 된다.

말라가

파블로 피카소가 태어난 말라가는 안달루시아지역의 수도이자 스페인에서 6번째 큰 유럽 최남단이자 가장 오래된 도시. 피카소의 고향이지만 피카소의 중요한 작품은 뉴욕과 같은 다른 대도시에 있어 어릴때 작품이 많다. 도착한 날 동네를 둘러보고 차량 렌트를 위해 1박만 했다.

그라나다

2일 숙박은 하루를 온전히 여행 할 수 있는 시간이다. (남부해변을 여행하면서 가기 때문에 그라나다에는 저녁 늦게 도착해서 야경을 보고, 2일째 일일 가이드 투어, 3일째 아침 일찍 다른 장소로 이동). 그라나다는 역사적으로 유대인, 이슬람, 기독교의 잔인하고 무서운 종교적인 탄압과 전쟁이 있었던 곳으로 알함브라, 알바이신 지구 등 도시 전체가 유네스코 문화 유산, 세계유산으로 지정되어 있다. 규모도 크고 역사적인 사연도 많은 아름다운 알함브라는 지역가이드 투어를 추천한다. 관광객이 많아 표를 미리 예약하고 나스르 궁전은 표에 입장시간이 정해진 대로 가야 하는 점에 주의해야 한다. 세비야에서도 동굴집에서 집시들이 불렀던 플라맹고 공연이 있지만 무역이 발달한 세비야는 춤도 상업적으로 변천되어 있다고 해 둘째 날 현지 가이드 투어 후 공연을 보고 가는날과 오는 날은 자유롭게 알바이신 지역을 거닐어 보았다.

세비야

세비야는 스페인 남서부 안달루시아 지방의 예술, 문화, 금융의 중심도시다. 바티칸의 성 베드로 대성당, 이태리의 밀라노 대성당(두오모)과 함께 세계 3대 성당중의 하나로 손꼽히는 세비야 대성당이 있다. 오페라 피델리오, 피가로의 결혼, 세빌리아의 이발사, 카르멘의 배경으로도 유명하다. 꽃보다 할배에 나온 누에보다리가 있는 론다를 들려서 세비야로 갈 계획이다.

참고: 론다를 대중교통으로 여행하기에는 시간이 너무 오래 걸린다. 대도시가 아니라서 버스로 이동할 때 소요 시간이 적지 않다. 두 마을을 이어주는 누에보 다리는 절벽 사이에서 두 지역을 연결해 주는데, 경관이 아름답고 신기하지만 대중교통으로 이동한다면 꼬박 하루 정도 시간이 걸

린다. 그래서 렌터카 여행이 아니라면 강력하게 추천하지는 않는다. 원하는 도시들을 지도에 정해놓고 차량 이동 시간을 적어본다.

✈ 세부 루트(도시별 관광 순서)

큰 도시간의 이동을 결정 했다면, 도시별로 세부루트를 세워보자. 스페인은 그 안에 여러나라가 존재 하는 듯하다. 축구의 본고장 F.C.바르셀로나와 레알 마드리드만 봐도 알 수 있다. 아직도 독립을 원하고 있는 카달루냐 지방에서 레알 마드리드를 응원하다가는 할머니의 지팡이에 몰매를 맞을 수도 있다. 스페인은 할머니도 축구를 즐길만큼 온 국민이 축구를 사랑한다.

구글, 네이버, 트립어드바이저를 통해 도시를 입력하고 많이 여행 하는 순서대로 Review 를 읽어 가며, 방문할 여행지를 선택한다.

꼭 가야할 곳과 가면 괜찮다 싶은 장소를 구분해 Wish list 에 저장 시 메모를 해둔다. (*표를 표시하거나, 본인이 알 수 있는 방법으로 저장해 두고 여행 시간에 따라 조절한다).

Tip 블로그 참조 시 중요한 점은 날짜 확인(2년 이상 지난 내용은 참조 하지 않는 것이 좋다. 최근 내용을 확인한다), 같은 내용도 2,3 곳은 확인하고, 광고 성 블로그인지 확인 한다.

즐길 거리 및 자세한 방문여행지는 위에 언급한 사이트가 좋은 것은 아니고 본인이 즐겨보는 사이트가 있다면 어디도 괜찮다. 단 3,4 군데 정도 다른 웹사이트를 참조 하고, 동선을 꼭 지도에 표시해 놓는다. 개인적으로 지역가이드 투어 하는 동선을 참조 한다.

도표에 예약해야 하는 일정에는 빨간 색으로 표시 해 놓고 예약이 완료 되면 색을 바꾸자.

마드리드(3박)

숙소: 에어비엔비 (시내 대중교통이 가능한 곳)

Day 9 시내에 역사적인 장소보다는 아름다운 가게들이 많고(패션의 도시, 자라의 본고장), 맛있는 식당 등 그냥 거닐기만 해도 기분 좋아지는 도시이다. 피카소가 관장으로 있었고 무료입장도 시간에 따라 가능한 프라도 미술관, 피카소의 게르니카로 유명한 레니아 소피아 미술관이 있지만 우리는 프라도 미술관만 방문하기로 했다.

Day 10. 톨레도는 지식가이드 투어를 이용하기로 했다. (tip 3: 지역별 가이드 투어를 추가한다. 지역가이드 선택이유는 대중 교통이 불편하고, 고대부터 중세까지 로마 서고트 이슬람 기독교 문화가 차례로 공존해 가이드의 해설이 도움이 된다.) 톨레도는 타호(Tajo River) 강이 감싸고 있는 언덕위의 아름다운 도시로 우리나라 유명 연예인이 결혼식 화보를 찍은 대성당이 있는, 스페인의 옛 수도이자, 유네스코 세계문화유산으로 지정되어 있는 도시이다.

Day 11 로마 시대의 수도교와 로마네스크 양식의 건축물들이 잘 보존되어 있어 1985년 유네스코 (UNESCO:국제연합 교육과학문화기구) 에서 세계문화유산으로 지정 되어있는 세고비야 (마드리드 세고비아는 대중교통 으로 쉽게 찾아 갈 수

있다)

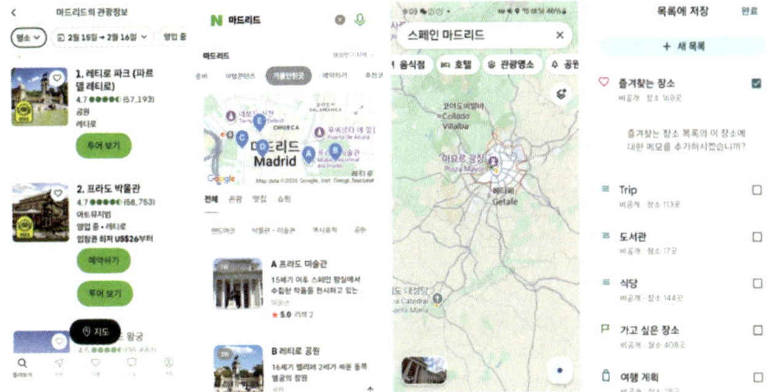

Day 12 밤기차로 꽉 찬 하루를 보낼 수 있다. 시내관광, 쇼핑, 레스토랑 등 자유롭게 마드리드를 즐긴다.

Day 13 리스본 도착. 차를 렌트해 대중교통으로 가기 힘든 신트라 주변과 유럽의 서쪽 끝 호카곶을 다녀온 후 나머지 시간을 리스본에서 보낸다. 리스본 구시가지는 해변가에 있지만 주차장이 전혀 없는 좁은언덕길이다. 큰 호텔이 없고 주차장이 있다고 해도 진입 이 어려운 골목이 대부분이라 차량을 렌트 한다면 신시가지에 호텔을 구해야 한다.

❶ 예약리스트 작성

a. 항공

바르셀로나 BCN 엘프라트 공항 in (Lufthansa)

리스본 LIS 포르델라 공항 Out (Portugal airline)

바르셀로나, 마드리드-에어비엔비

대중 교통을 이용할 수 있는 시내근처 숙소. 후기를 많이 참조 했다. 오래된 여행에 한끼 정도는 간단 한국식을 먹고 싶다.

후기: 내가 묵었던 두 곳의 숙소는 모두 위치도 좋고 깨끗했다. 바르셀로나 숙소에 한국 사람들이 꽤 있었다. 호스트가 맥주와 와인을 준비해 놓고 무엇을 줄까? 하고 물었다. 당연히 술 욕심 많은 남편은 "both(둘다)" 라고 대답했는데 호스트는 쿨~하게 맥주와 와인을 모두 두고 갔다. 스페인은 음식 인심이 좋다.(비엔비적극추천)

그라나다, 세비야, 말라가 리스본 (호텔)

말라가는 차를 렌트해서 그라나다와 세비야를 다녀온 후 기차를 타고 이동하므로 기차 역 옆에 가성비 좋은 호텔로 예약했다. 보통 중앙역에 렌터카 회사들도 같이 있다.

그라나다 - 주차가 어렵다. 스페인 남부 해변도시를 거쳐 도착하는 시간이 늦을 수도 있다. 관광지인 바이신지구는 작은 호텔이 많은데 주차 가능하지 않고 돌 바닥이라 캐리어를 끌고 올라가기 힘들다. 관광지인 바이신 지구는 작은 호텔이 많지만 바닥이 돌로 되어있어 캐리어를 끌고 올라가기 어렵고 주차 가능한 지역이 없고, 해변도시를 겨쳐 도착하는 시간이 늦을 수 있어 늦은 체크인이 가능한 외곽의 호텔로 정했다.

리스본에서는 바닷가에 있는 호텔을 예약했다. 해변에 있는 호텔 + 평점 + 주차가능 이라 예약했는데 구시가지라는걸 체크 하지 못했다. 공영주차장이나 길거리 주차 할 곳이 없다. 때 마침 전화기의 밧데리가 떨어졌다. 호텔에 전화해 위치를 물어보려고 옆 골목으로 피했는데 골목진입을 막는 바에 막혀서 후진해야 했고, 뒤에서는 트램이, 맞은편에서는 트럭이 나의 방향으로 오겠다며 궁지에 몰던 기억은 리스본 하면 아직도 진땀 나는 추억이다. 다행히 숙소는 작지만 잘 꾸며져 있어 찾느라 고생한 불만을 해소할 만 했다. 숙소 선택의 유의 사항은 숙소 페이지를 참조 하자.

(스페인 사람들은 늦게 저녁을 먹는다. 세비야에 늦게 도착해 밤 11시에 저녁을 먹으러 시내에 갔는데 줄을 한참 기다려 식당에 들어갔다. 스페인 사람들은 밝고 말이 많아 식당에서 대화하기 힘들다.)

CABO DA ROCA
AQUI...
ONDE A TERRA SE ACABA
E O MAR COMEÇA
(CAMÕES)
PONTA MAIS OCIDENTAL DO
CONTINENTE EUROPEU
CÂMARA MUNICIPAL DE SINTRA
1979
LATITUDE 38°47 NORTE
LONGITUDE 9°30 OESTE
ALTITUDE 140 ACIMA DO NIVEL
MEDIO DAS AGUAS

호카곶

항공권	Day 1, 15	IN / OUT	
항공권	Day 4	바르셀로나 – 말라가	
기차	Day 9	말라가 – 마드리드	
기차	Day 13	마드리드 – 리스본	
렌터카	Day 4-9	말라가 렌트	
렌터카	Day 14-15	리스본 렌트	

Day 1-4	3박4일	바르셀로나	
Day 4-5	1박	말라가	
Day 5-7	2박	그나나다 호텔	
Day 7-9	2박	세비야	
Day 10-13	3박	마드리드	
Day 13		기차 1박	
Day 14-15	1박	리스본	축구시합
Day 2 또는 3	마드리드	가우디 투어	

Day 11~12 중	마드리드	톨레도 가이드 투어	
까사 바트요			
세고비야 시외 버스			
프라도 미술관			

c. 교통편 예약

도시 별 이동 수단을 체크한다.

바르셀로나-말라가(항공)

주의사항 : 말라가 공항(all airport 로 하면 Granada 공항이 포함된다. 항공편 예약시 꼭 공항의 위치를 확인한다)

말라가.리스본 렌터카 예약 rentalcars 앱

말라가-마드리드 -기차(Renfe-스페인 기차)

마드리드-리스본-기차(Renfe-스페인기차)

https://www.renfe.com/es/en 또는 Omio 어플

d. 관광지, 공연, 액티비티

스페인에서 미리 예약했던 공연이나 장소는 없었다. 대부분 현지도착 전 구매하거나 입장이 가능했다. 바르셀로나 경기장 투어만 사전에 예약했다. 숙소 주인이 우리가 축구 경기에 관심이 있

다고 하니 바르셀로나와 말라가 팀의 경기가 말라
가에서 한다고 예약을 원하면 해주겠다고 했다.
말라가와 FC 바르셀로나 경기표를 구입했다. 세
비야 호텔을 취소를 하고 서둘러 말라가로 앞당겨
돌아오기로 했다. 세비야의 여행 일정보다 축구
관람을 택했다. 스페인 경기는 취소와 연기가 잦
아 급히 표를 구하기도 한다.

Tip: 여행일정에 따라 변경 가능한 호텔이 있는
지 확인한다. 일정의 변동이 생길 수 있다.

e. 현지 가이드 투어

스페인의 현지 투어는 빨리 마감된다. 특히 그
라나다는 한인이 적고 인기있어 일찍 예약이 마감
된다. 그라나다-마이리얼트립, 마드리드 근교 톨
레도, 바르셀로나 가우디 투어 – 유로 자전거 나라
무료로 진행되는 현지 영어 가이드 투어가 도시별
로 있으니 자녀와 같이 간다면 2~3시간 정도 소요
되는 가이드 투어에 참여해 보는 것도 좋다.

(마드리드)　　　(바르셀로나)　　　(그라나다)

누구와 Who	
어디를 Where	
목적 Why	
시기 / 얼마동안	
나의 여행 경비 수준은	
무엇을 할까? (내가 좋아하는 것, 보고싶은 것)	

루트		지도에 표시(예약해야 하는것은 색깔로 표시)
예약리스트	항공	In / Out
	숙소	도시 – 숙박형태
	교통	
	활동	

Day 1	
Day 2	
Day 3	
Day 4	
Day 5	
Day 6	
Day 7	
Day 8	
Day 9	
Day 10	
Day 11	
Day 12	
Day 13	
Day 14	

여행을 마치며

　자유여행은 한 번의 여행으로 보통 3번 여행을 한다. 준비하면서 한번, 실제 여행으로 한번, 다녀와서 정리하면서 한번. 이번에 글을 쓰면서 네번째 여행하는 즐거움을 누렸다. 여행 중에는 피곤함에 때로 집에 가고 싶기도 하고 왜 이 고생을 하나 싶기도 하다. 아무리 많은 곳을 가고, 많은 것을 본다고 해도 여행을 다녀오면 아쉬움도 남는다. 나에게 여행은 광대한 자연에 비해 한없이 작은 나를 발견하는 시간이었고 겸손을 배울 수 있는 기회였다. 완벽히 준비한다고 해도 발생하는 예견치 못한 일이 생기고 그런 상황을 통해 완벽할 수 없지만 해결 방법을 찾아 집으로 돌아오는 방법도 배운다. 실수투성이인 여행을 다녀왔다면 더 기억에 남는 여행이 되고 새로운 것을 배우고, 해 냈다는 자신감으로 다른 일을 준비할 용기가 생긴다.

　음식을 얘기할 때 바른 먹거리, 착한 먹거리 이런 표현을 한다. 여행에도 바른 여행, 착한 여행이 있다. 여행에는 정답이 없지만, 올바른 여행, 드는 비용보다 남고 배우는 점이 많은 여행이 있다. 유럽에 살고 여행하면서 많은 여행자들을 보며 비용의 많고 적음이 중요하지 않고 무엇을 많이 보는 것 보다 어떻게 보느냐가 더 중요하고, 같이 가는 사람과의 관계는 여행의 만족도와 효과에 가장 큰 영향을 미친다. 장소를 찍고 찍는 여행이 남는 여행이 아니라 마음으로 느낄 수 있는 여행이 남는 여행이다.

준비하는 마음에 따라 여행은 단순한 고생이 그 무엇과도 바꿀 수 없는 경험으로 변하는 시간이다. 여행 계획 시 다른사람의 여행루트를 참조하는 일은 중요하다. 그러나 다양하게 보되, 똑 같이 따라가는 일정은 피해야 한다. 장소에 대한 이해가 중요하다. 분명히 어떤 곳은 실망 할 수도 있고, 어떤 장소는 기대 이상일 수도 있다. 마음을 오픈하고 남의 실수도, 나의 부족도 넉넉하게 수용하는 자세는 여행을 다녀온 후 다른 일을 하는 데에도 밑거름이 된다. 여행에 참고가 되기를 바라는 마음으로 자잘한 에피소드와 루트를 많이 넣으려고 했다. 다른 사람의 성공담 보다 실수하고 힘들었던 일은 재미있기도 하고 나의 여행에 간접경험으로 피할 수 있어 미리 주의 할 수 있다. 다른 곳에서 흔히 찾을 수 있는 정보 보다 조금 다른 장소, 다양한 경험을 이야기해 보고자 했다. 한 두가지라도 새롭게 알게 된 점이 있다면 나의 목표는 성공이다.

잘 해야 한다는 부담감을 조금 떨쳐 버리고 몸에 힘을 빼는 일은 여행에서도 중요하다. 내가 보고 싶은 것을 계획하고 나를 발견하는 여행은 지금 당장 떠나지 않으면 점점 힘들어 진다. 괴테가 이태리 여행을 하던 시절에는 한 곳을 여행하려면 기본으로 몇 달이 걸려야 했다. 괴테는 독일 바이마르에서 이탈리아에 입국하는데 까지만 해도 거의 10일이 걸렸다. 요즘 같으면 비행기로 한시간 반, 차로 가도 4시간 정도면 도착하는 거리이다. 그럼에도 불구하고 괴테는 "지구라는 학교에 태어나서 방 안에서만 공부하기에 이 세상은 너무 아름답고 위대하다." 라고 묘사했다. 유럽은 자연과 건물이 우리와 다르기도 하고, 주로 책과 영화에서 보았던 장소를 대하는 기분은 나를 다른 세계로 안내하는 듯 하다. 유럽 여행을 잘 하기 위해 필요한 것은 언어가 아니라 용기다. 많은 것을 보는 것보다 같이 간 사람과의 추억을 공유하고 관계가 더 깊어지길 바란다.

나에게 여행을 다녀오도록 방관해 준 가족들에게 제일 감사하고 그 보답으로 세상에 한 명의 독자라도 제대로 된 여행을 할 수 있는 용기를 주고 싶다는 마음으로 이 책을 썼다. 독일에 혼자 머물던 시절 엄마의 도전을 응원해 주며 국방의 의무를 다했던 두 아들에게 특별히 감사하다. 코로나도 아닌데 입소식 퇴소식 면회도 가지 않았다. 물론 휴가로 독일을 방문할 수 있는 특별한 기회를 주긴 했지만, 엄마의 부재 속에 훌륭하고 멋진 대한의 남아로 성장했다.

우리 가족은 늘 여행과 같은 삶을 살고 있다. 30여년전 남편의 직장 때문에 한국을 떠난 이후 지금까지 남편은 상해에서 큰아들은 달라스에서 둘째는 홍콩에서 근무 중이다. 외국에 30년 이상 살면서 느낀 점은 나의 처한 상황을 긍정적으로 받아들이는 일이다. 외국에 사는 자녀의 대부분은 부모의 직업 때문에 외국으로 이주하다 보니 자기 동기 부여가 조금 부족하다. 한국에서는 잘 했는데 새로운 외국어를 배워야 하다 보니 자신감도 떨어지고 정신적으로 스트레스와 불만도 쌓인다. 그나마 영어권 나라들은 영어만 배우면 되지만 그 외의 나라에선 영어도 해야 하고 거주 국 현지 언어도 배워야 한다. 한국으로 귀국한다고 생각하니 한국어도 해야 한다. 그러나 이런 어려움은 반대로 생각하면 기회가 된다. 여행도 마찬가지로 다닐 때 힘들기도 하지만 새로운 것을 보고 느끼게 되는 순간이다.

고생하는 일 중에 가장 좋은 일이 여행이다. 돈 주고 하는 기분 좋은 고생. 특별히 유럽은 조금 힘이 들더라도, 불편하더라도 꼭 한번은 자유여행을 권하고 싶다. 잘 할 필요 없다. 완벽할 필요는 더욱 더 없다. 힘 빼고 즐기면 어디를 가든, 특히 살아있는 배움의 장소이다. 처음이라도 괜찮다. 외국어를 못해도 괜찮다. 핸드폰으로 문자를 할 수 있는 정도의 스마트폰 이용이 가능하면 된다. 아직 한번도 자유여행을 다녀온 적이 없다면, 언제 갈까 고민하고 있다면, 지금 당장 비행기표부터 끊어 보자. 자유여행을 다녀왔는데 힘들기만 했다면 욕심을 조금 버리고 나에게 맞는 여행을 계획해 떠나보자.

　혼자 하면 힘들고 어렵다. 같이 할 사람이 없을 때, 잘 모를 때 이 책을 선물하고 응원하고 싶다. 자유 여행은 한 번 가기가 어렵지 다녀오면 반드시 또 자유여행으로 떠난다. 우리나라는 인구 대비 해외 여행을 가는 퍼센트가 일본의 두배가 넘는다고 한다. 텔레비젼이나 sns 상에도 여행 상품이나 정보가 넘쳐난다. 대리 만족으로 여행 프로그램을 보기도 하고, 내가 갈 여행을 준비하기 위해서 보기도 한다. 그러나 운동 유투브를 본다고 근육이 쌓이지 않듯이 나의 여행은 내가 계획하고 준비해 떠나야 나의 것이 된다.다른 사람의 여행은 참조만 하고 나의 여행을 만들어 보자. 힘들면 친구와 같이 가족과 함께

　여행을 많이 하라는 의미는 아니다. 한번을 여행 하더라도 따라하는 여행 보다는 나만의 여행을 떠나보면 어떨까? 유럽은 이런 나를 기다리고 있다. 천천히 느린 듯 하지만 과거로 부터 배우고 미래를 살아가는 꿈을 가질 수 있는 여행, 용기내서 지금 시작해 보자.

　"편안하고 익숙한 모든 것으로부터 떠날 수 있는 용기가 생겼을 때, 진리를 찾아 여행을 떠났을 때, 길에서 만나는 모든 이에게 배우고자 하는 자세를 가졌다면 진리는 당신에게 모습을 드러낼 것이다."

영화 <먹고 기도하고 사랑하라> 속 대사